Souvenirs et Lettres
de l'Année Terrible
(1870-1871)

Recueillis par Madame H. HEINECKE

PARIS
EDITION DU TEMPS PRÉSENT
76, RUE DE RENNES, 76

—

1913

Souvenirs et Lettres
de l'Année Terrible
(1870-1871)

Recueillis par Madame H. HEINECKE

PARIS
EDITION DU TEMPS PRÉSENT
76, RUE DE RENNES, 76
—
1913

MES SOUVENIRS

SOUVENIRS[1]

(Août-Septembre 1870)

J'étais bien jeune encore lorsqu'éclata la guerre de 1870, mais les souvenirs de cette époque douloureuse sont gravés si nettement dans ma mémoire que je cède à la tentation de les faire revivre par écrit.

Une première tentative peu encourageante pour m'habituer à la vie d'institutrice à demeure, m'avait cependant fait accepter à Saint-Germain-en-Laye un deuxième engagement auprès d'une dame veuve anglaise, Mme S..., dont le mari avait été juge aux Indes et qui touchait de ce fait une très belle pension du gouvernement. Elle avait trois enfants : la dernière, une fille d'environ seize ans, fut mise sous ma direction.

Cette dame, dans ses moments lucides, était charmante, mais elle avait malheureusement des habitudes d'intempérance qui étaient d'autant moins agréables pour moi qu'elle avait ainsi perdu toute autorité vis-à-vis de sa fille ; j'avais toutes les peines du monde à la faire obéir et travailler.

Nous avions pour nous servir, en dehors d'une femme de chambre alsacienne très brave fille, deux plantons, *Myrtil* et *Mouton*, obligeamment prêtés par le commandant du régiment d'infanterie. En échange de cette amabilité, ce dernier venait dîner à la maison deux fois par semaine avec toute sa *smala*.

Une de nos voisines, Mme M..., d'origine allemande et mariée à un ingénieur anglais des plus distingués, était propriétaire de la villa que nous habitions et entretenait d'agréables relations avec nous. Ancienne artiste, pianiste de la reine Marie-Amélie, de la reine

1. Ecrits sur la demande de mon éditeur.

de Bavière, etc., elle s'était facilement liée avec nous, aimant à s'occuper un peu de tout et à faire preuve de son savoir très étendu. Comme elle était infiniment respectable, je m'étais attachée à elle et, quand arriva *la catastrophe* qui me fit quitter Mme S....., je résolus de prendre domicile dans une pension de jeunes filles de la ville afin de pouvoir y étudier en toute liberté et la musique et la littérature française !

L'excellente amie dont je viens de parler me félicitait de cette résolution d'autant plus qu'elle y trouvait l'avantage de me garder auprès d'elle et de se décharger sur moi de l'ennui de s'occuper exclusivement de sa fille, enfant d'environ douze ans, pour la promener et la distraire.

Il y avait alors, à Saint-Germain, une colonie étrangère des plus distinguées, où je fus introduite par ma vieille amie et reçue avec toute la spontanéité bienveillante des gens riches aimant la jeunesse et la gaieté ; nos réunions intimes étaient des plus agréables !

Mme M. n'avait pas seulement son grand talent de pianiste, elle avait infiniment d'esprit, parlait couramment quatre langues, et exerçait l'hospitalité la plus large dans sa belle villa du Boulingrin. On se rencontrait à la promenade, à la terrasse, et l'on finissait toujours la journée dans son jardin où elle offrait thé, sirops, gâteaux, le plus simplement du monde, mais si généreusement, qu'une petite fille, habituée à l'intérieur plus modeste de ses parents, demanda un jour naïvement : « Est-ce un restaurant ici, maman ? »

Saint-Germain était alors, avec Versailles, la garnison la plus enviée des environs de Paris. Les officiers de la Garde impériale, Chasseurs, Guides, Dragons, et leurs familles, appréciaient fort le talent et les réceptions de mon amie ; ils venaient en uniforme de gala, chamarré d'or et d'aiguillettes, à nos soirées dansantes et s'amusaient visiblement dans ce milieu cosmopolite. Les uns briguaient l'honneur de faire de la musique d'ensemble avec l'excellente artiste, l'accompagnant, qui du violon, qui du violoncelle ; les autres, gourmets, exerçaient volontiers chez elle leur art culinaire ; bref, on s'amusait fort et l'on ne pensait guère au lendemain, quand, brusquement, résonna le tocsin de la guerre qui mit fin à toutes nos fêtes.

Grâce à l'appui de mon amie, j'avais trouvé quelques leçons d'anglais et de musique (on n'apprenait guère l'allemand à cette époque) ; je tenais l'orgue au temple anglais de la rue de Sully, construit et entretenu par les libéralités de Miss Trotter, propriétaire d'une villa superbe. Enfin, j'étais arrivée à joindre les deux bouts, comme on dit familièrement. Le départ précipité d'un professeur d'anglais reçu dans la plupart des pensionnats de jeunes filles, alors très florissants dans la ville et aux environs, m'assurait un revenu fixe amplement suffisant à mes goûts modestes.

Je désirais donc vivement rester quand même en France, où je me plaisais infiniment ; mais, hélas ! si, moi, j'aimais les Français, ce sentiment n'était pas réciproque de la part d'une voisine qui, évidemment, n'aimait pas le piano autant que moi. Ce fut, je suppose, cette méchante femme qui me dénonça comme Allemande à la police et, un beau matin, je reçus l'ordre de me présenter au commissariat, ordre écrit sur une belle feuille de papier officiel auquel je ne pouvais me soustraire.

Grands furent mon étonnement, mon inquiétude, d'autant plus que ma protectrice habitait déjà l'Angleterre et que son mari était seul resté à garder sa villa.

Accompagnée de mon propriétaire, homme sensé et bienveillant qui connaissait le monde, ayant servi pendant de longues années de courrier au service de la baronne de Schickler, je me rendis donc à la mairie où je dus attendre assez longuement, assistant au spectacle douloureux des exercices d'armes d'une vingtaine d'hommes de tout âge en veston de travail, maniant un bâton en guise de fusil.

Je fus introduite dans une salle basse et sombre, mon cœur battait, ma voix tremblait quand je fus appelée à décliner mes nom et qualités. D'un ton tonitruant le commissaire m'accusa de l'unique délit qu'on avait pu imaginer : celui d'envoyer en Allemagne des lettres et des coupures de journaux.

Bien certainement, je donnais de mes nouvelles à ma famille, mais je n'envoyais jamais de coupures de journaux, je fis même remarquer à mon inquisiteur que les journaux devaient y arriver bien avant mes lettres !

Cette observation des plus logiques souleva une nouvelle colère dans l'âme de mon interlocuteur, car déjà les défaites de Reichshoffen et de Gravelotte étaient connues et, dans tout étranger, l'on voyait un espion ; il m'apostropha avec des mots grossiers, et me déclara que je serais dorénavant placée sous la surveillance de la police !

De la police ? Vraiment ? Qu'est-ce que cela voulait dire ?

Mon propriétaire, dont j'ai oublié le nom mais non la bienveillance, me consola de son mieux, me disant qu'il me protégerait, que je n'avais rien à craindre ; je n'en fus pas plus rassurée pour cela. Mon petit appartement, situé dans la rue de l'Indépendance, donnait sur celui de mon ennemie qui m'observait incessamment de sa fenêtre ouverte.

J'allai donc raconter mes ennuis au mari de ma vieille amie, je lui demandai et le priai de m'emmener à Bruxelles lorsqu'il se rendrait en Belgique, où, comme ingénieur des chemins de fer il allait régulièrement deux fois par mois.

Il me le promit, et je rentrai un peu plus calme ; je passai une nuit déplorable et je pris le lendemain, comme d'habitude, le chemin de fer pour me rendre à Bellevue où était installée pour l'été la famille P... qui me voulait beaucoup de bien et m'avait confié l'instruction de leur fils aîné âgé de neuf ans.

J'étais trop bouleversée par les événements du jour précédent pour ne pas me présenter avec un air étrange qu'on ne me connaissait guère. Sur la demande de la mère de famille, je ne pus m'empêcher d'éclater en larmes et de lui raconter tout ce qui s'était passé la veille. Elle me consola de son mieux, et je me mis à faire travailler mon élève, tout en me faisant des reproches de m'être montrée si émue, car, à travers la porte à peine close, je l'entendis causer longuement avec son mari. Comment me serais-je doutée de l'infinie sollicitude avec laquelle on avait résolu de s'occuper de moi !

On déjeuna plus ou moins gaiement en ce jour, on chanta la *Marseillaise* après déjeuner — la famille étant très musicienne et cet hymne guerrier étant à la mode du jour, — on me dit que les Allemands seraient bientôt chassés du pays puisqu'ils n'avaient pas de quoi se ravitailler, tandis que de grands convois de bœufs et de provisions de toute nature arrivaient journellement au camp français ; bref, si l'on criait déjà un peu moins : A Berlin ! on était toujours dans la joie patriotique avec la certitude de la victoire !

Toutefois, on approuvait ma résolution de quitter la France, et Mr. P. offrit gracieusement de m'accompagner au consulat américain où l'on délivrait aux Allemands les passeports nécessaires pour quitter le pays. Nous y fûmes donc ensemble, rue de Chaillot, appelée aujourd'hui rue de la Boëtie, où l'ambassade des États-Unis, relativement modeste en ce temps, occupait un immeuble de peu d'apparence; les pièces étaient dégarnies de meubles, elles avaient l'air négligé et assez malpropre. Il est vrai qu'il y circulait pas mal de pauvres diables sans le sou qui venaient réclamer la protection du pays ami qui avait consenti à représenter les intérêts des sujets allemands.

Après une assez longue attente dans l'antichambre, on me fit entrer dans une autre pièce où, sur la recommandation de mon excellent protecteur, on me délivra assez vite le laissez-passer désiré. Nous nous serrâmes la main, nous nous quittâmes non sans une émotion sincère, lui, retournant à Bellevue, moi, reprenant mon chemin de fer de Saint-Germain, les oreilles abasourdies par les vociférations de la foule, par les trains remplis de soldats que nous rencontrions et dont les voyageurs empilés chantaient à tue-tête :

> Allons, enfants de la patrie,
> Le jour de gloire est arrivé.
> . . . .
> Qu'un sang impur
> Abreuve nos sillons !

Hélas ! J'étais donc obligée de quitter ce cher pays où, après deux ans de luttes, de privations si vaillamment supportées, j'avais trouvé, grâce à ma jeunesse même, il faut l'avouer, un soutien inespéré dans l'appui de mon excellente amie, du crédit dans la petite pension de jeunes filles où j'avais débuté et des affections précieuses de la part de mes élèves souvent presque du même âge que moi.

Ces jeunes filles des pensions du Pecq et de Saint-Germain appartenaient aux meilleures familles des environs; elles s'étaient d'autant plus sincèrement attachées à moi que mon enseignement consciencieux et par cela même instinctivement meilleur que celui de mon prédécesseur leur plaisait infiniment; elles m'avaient fait une réputation si favorable que j'avais trouvé, par elles, d'autres élèves de leurs amies et j'étais arrivée assez vite à me créer une situation qui me promettait un peu de bonheur et de bien-être.

Je me résignai donc au départ, laissant à la garde de mon propriétaire mon piano, mes livres et la plupart de mes vêtements — car la guerre ne devait toujours durer pas plus de quelques semaines — et je partis avec Mr. M... pour Bruxelles. Grâce à lui, je vis s'aplanir devant moi les difficultés du départ et les formalités de passeport qui étaient encore relativement douces à la frontière. Je passai une nuit à Bruxelles, et au lendemain je fis mon petit tour dans la ville que je connaissais imparfaitement. Je ne gardai, ce jour-là, aucun souvenir des monuments magnifiques que je vis, car mon cœur, mes pensées étaient ailleurs. Vers les deux heures je pris congé de mon protecteur qui, devant rentrer à Paris à heure fixe, et ne pouvant m'accompagner, me confia à un employé de l'hôtel qui devait me conduire à la gare d'où partaient, pour l'Allemagne, les trains déjà fort réduits en nombre. Le garçon enregistra ma malle et me conduisit dans la salle d'attente où, habituée aux usages alors appliqués à Paris, j'attendis patiemment qu'on voulût bien ouvrir les portes et annoncer à haute voix le départ pour telle ou telle ligne. Quand, finalement, lasse d'attendre, j'allai sur le perron demander si le train de Cologne n'allait pas bientôt partir, on me répondit qu'il venait de quitter la gare et qu'il n'y en avait plus d'autres qu'un train omnibus à cinq heures, ne contenant que des voitures de troisième classe et n'allant que jusqu'à Verviers.

Quel ennui ! Que j'avais donc été maladroite et imprévoyante ! Résolue à ne plus quitter la gare, je m'installai tant bien que mal dans cette salle aussi bruyante qu'inhospitalière et j'essayai de lire le livre nouvellement acquis de mes pauvres deniers. Il me fallut patienter puisque je ne pouvais faire autrement.

Fort avant l'heure cette fois, j'allais occuper ma place sur les dures banquettes d'une voiture de troisième dont le compartiment se remplit bientôt de voyageurs plus ou moins sympathiques. Le train marchait très lentement, s'arrêtant à toutes les stations, et mon inquiétute, mon impatience allaient en grandissant, car la nuit tombait et les gens qui s'apitoyaient sur mon jeune visage avaient vite fait de me questionner pour apprendre que j'avais été expulsée de France. Ils me demandaient sur Paris mille choses que j'ignorais et me parlaient de la marche des troupes allemandes à laquelle je ne comprenais rien du tout !

A Bruxelles, le chef de gare m'avait recommandée au conducteur et l'avait prié de m'indiquer à Verviers un hôtel où je pourrais passer la nuit. Ce brave homme, s'acquittant de sa charge, avait mis au courant de mon malheur mes compagnons de voyage, et de là venait leur curiosité. Pour bien remplir sa mission, il m'accompagna jusqu'à la sortie pour dire au portier de ne pas réclamer mon billet qui devait être valable jusqu'au lendemain. Le portier, le retournant entre ses mains et voyant ma mine contrite, me dit : Mais, vous pouvez aller jusqu'à Herbesthal, il y a un train qui doit partir dans quinze minutes ; vous serez en Allemagne alors, cela vaudra mieux peut-être !

Va pour Herbesthal, me dis-je, et, accompagnée de mon cicerone belge, je me fis installer dans un autre compartiment de troisième classe. Le train de Herbesthal s'ébranla après une longue et angoissante attente, n'ayant point d'autres voyageurs que quelques marchandes des environs et des employés de chemin de fer ; ces derniers, sur la nouvelle de ma venue de Paris, étaient résolument montés dans mon compartiment et m'assaillaient de leurs questions indiscrètes sur mon voyage, sur Paris, et comment j'avais été amenée à quitter si tard ce pays ennemi ? S'amusant de ma jeunesse, ils me firent subir un interrogatoire des plus déplaisant et entendre des plaisanteries non moins déplacées dont la plus affolante était celle que j'avais eu tort de ne pas rester à Verviers puisqu'il n'y avait pas d'hôtel à Herbesthal ; je serais obligée, disaient-ils, de coucher à la belle étoile ou d'accepter n'importe quelle hospitalité.

Le wagon peu à peu se vidait quand les voyageurs des autres compartiments étaient arrivés à destination ; finalement à la nuit noire, vers les dix ou onze heures environ, le malheureux train s'arrêta. On avait fini de me plaisanter ; l'un de mes tyrans, le plus loustic de la bande, qui avait proposé de m'amener chez lui, n'étant pas marié, à ce qu'il disait, et n'ayant nulle crainte de la jalousie de sa femme, se montra le plus convenable et me remit entre les mains d'un garçon d'hôtel, se tenant là, une lanterne d'écurie à la main, pour cueillir les voyageurs attardés. Il y avait donc un hôtel à Herbesthal et même il était fort accueillant !

J'étais exténuée, je tombais de fatigue, j'avais une faim de loup, mais l'air était exquis, un vrai régal après la fumée des vieilles machines belge et allemande, des cigares de mes bourreaux ! Nous avions cernée, Bazaine ne faisait que des sorties insignifiantes et l'on ne savait trop où était l'armée de Mac-Mahon.

Je me serais attardée volontiers dans ce milieu infiniment sympathique si mon père n'avait exprimé le désir de me voir près de lui. Je quittai Bonn dans les derniers jours d'août pour gagner Halberstadt, ma ville natale. L'accueil fut affectueux selon les circonstances ; rien de cette affection débordante des Français ni même de cette intimité pleine de charme de mes cousins à Bonn, mais on était heureux de me savoir hors de danger, et rien ne m'aurait permis de penser que mon absence prolongée n'avait pas été regrettée sincèrement.

J'avais espéré m'occuper des malades, des blessés qui déjà étaient renvoyés dans leur pays ; ma belle-mère me dit que mon père désapprouverait certainement ce désir puisqu'elle-même n'avait pas été autorisée à s'enrôler dans le groupe des dames infirmières, qu'elle devait se contenter d'aller trois fois par semaine distribuer la soupe aux pauvres et tricoter sans relâche des bas de laine pour les soldats en campagne.

Je me résignais donc ! Il régnait dans la ville une grande animosité contre les Français qui avaient anéanti à Gravelotte le beau régiment des cuirassiers blancs cantonné dans la ville ; une dizaine d'officiers avaient été tués dans cette affaire, d'autres avaient été blessés grièvement et avaient été enfermés prisonniers à Metz. On vanta fort le courage et la bonne fortune du chef du régiment, le comte de Schmettow, qui, ayant mené ses soldats sept fois à la charge, avait eu son casque troué de onze balles de mitrailleuses sans avoir reçu aucune blessure ; on plaignit le sort du capitaine M., tout récemment marié, dont la jeune veuve était dans les larmes ; on me parla d'un autre de mes anciens danseurs, le lieutenant H., qui avait eu la figure terriblement tailladée par des coups de sabre et à qui l'aide-major français, en le pansant, avait conseillé de se sauver au plus vite, puisque ses jambes étaient indemnes, afin de ne pas être enfermé prisonnier à Metz.

Cette animosité féminine, facilement excusable pour un cœur de mère, se tournait parfois aussi contre moi. On faisait entendre assez volontiers à mon père que je témoignais trop de sympathies pour les Français. Il laissait dire, mais il me rapportait fidèlement ces sentiments exprimés surtout par une cliente de nos amies dont le fils, le lieutenant F., très grièvement blessé, était prisonnier à Metz, ce dont elle se désolait d'autant plus qu'il lui était impossible de recevoir de ses nouvelles.

Ce fut le soir du 2 septembre que les feuilles annoncèrent la reddition de Sedan et la captivité de Napoléon. Le 3, par un soleil radieux, toute la ville était en liesse, on s'embrassait dans les rues, on pleurait de joie, ayant la certitude absolue que la guerre allait finir, que bientôt les chers enfants de la ville, les soldats allaient rentrer dans leurs foyers ! Journée superbe, inoubliable par son enthousiasme et si exempte de tout orgueil que nous reprochent ceux qui ne l'ont ni vue ni vécue ! Je crois bien me souvenir que c'était un dimanche, en tous cas à la maison il y avait fête, car nous célébrions en ce jour même l'anniversaire de mon père, fête patriarcale des plus solennelles avec fleurs, visites, poésies et somptueux festin de famille. On resta réuni tout le jour, on se promenait à travers les rues, on allait se féliciter les uns les autres, jouissant par anticipation de la joie de revoir fils, frère ou mari. Comment supposer que la guerre allait continuer avec 180,000 à monter pendant quelques minutes avant de gagner l'hôtel modeste mais propre, bien éclairé, et je fus bien accueillie par l'hôtelier et sa fille. On me prépara un petit souper, on me conduisit dans ma chambre où je trouvai un lit immense et un édredon recouvert en grossière cotonnade foncée d'une couleur qui m'a toujours horripilée. Mais que faire ! Quand j'eus quitté mes souliers et que je voulus les mettre à la porte, impossible de la rouvrir, et j'eus peur ! Cependant j'étais sur le point de m'endormir lorsque je fus réveillée par des voix bruyantes, et pendant longtemps je fus en proie à des cauchemars atroces, me souvenant de l'aventure arrivée à Paul-Louis Courier en Calabre et d'autres histoires semblables plus ou moins véridiques, jusqu'à ce qu'enfin, vaincue par la fatigue, je tombai dans un sommeil réparateur.

Le premier train pour Cologne devant partir à six heures, mon aimable hôtesse avait promis de me réveiller à temps, ce qu'elle fit avec son plus gracieux sourire ; elle m'offrit un café au lait exquis, et ainsi réconfortée, conduite par le garçon, portant mon petit bagage, je descendis le monticule et m'installai dans un nouveau compartiment de troisième, cette fois en joyeuse compagnie d'une bande d'enfants, croquant des pommes vertes à six heures du matin et devisant gaiement. Je n'eus guère d'autres compagnons de route, car à chaque arrêt, et ils furent nombreux, nous récoltions de nouveaux enfants jusqu'à Aix-la-Chapelle où ils allaient à l'école !

Vers les dix heures, le train entra en gare de Cologne ! Quel changement ! Un va-et-vient continuel de soldats, d'officiers, d'ambulanciers, d'infirmières, d'élégantes dames patronnesses, que sais-je ? Mon désir, mon offre de me rendre utile en me faisant enrôler parmi les gardes-malades fut aimablement déclinée après qu'on m'eut envoyée de Caïphe à Pilate en me faisant observer non sans raison qu'on avait assez d'aides et que je trouverais à me rendre utile dans ma ville natale.

Je me rendis d'abord à Bonn, où j'étais assurée de trouver une cordiale hospitalité chez une charmante cousine mariée à un ingénieur civil éminent et mère d'une nombreuse famille. Son accueil fut touchant ! Je fus reçue avec les transports d'une chaude amitié et je passai là des jours inoubliables, devisant avec mes parents, tous deux fort intelligents, du passé et des événements présents. Ils me parlaient du passage incessant des troupes venant des villes les plus éloignées de la Prusse orientale, du soin qu'on avait pris de les ravitailler, de bourrer les poches des soldats de cigares et de friandises, de leur reconnaissance et de leur courage ; ils me faisaient part de leurs premières inquiétudes en raison de leur proximité de la frontière ! Ils avaient vu Moltke accompagnant le dernier convoi militaire bondé d'officiers supérieurs et répondant au chef de gare, se tenant là pour lui souhaiter bon voyage :

— Je ne crains plus pour vous ici, puisqu'on a négligé de passer le Rhin lorsqu'il en était temps !

Et une amie de Carlsruhe m'écrivait : « Nous avons été très inquiets, craignant toujours que les Français n'envahissent notre pays ; que de remerciements nous devons au grand maréchal de nous avoir protégés ! » L'union allemande était faite bien avant qu'elle ne fût proclamée à Versailles sur l'initiative de l'infortuné Louis II de Bavière, c'était évident !

Une certaine accalmie, mêlée d'espoir et de crainte, s'était faite graduellement. Après les batailles sanglantes de Vionville, de Gravelotte, Metz avait été hommes cernés à Metz, avec 225,000 hommes faits prisonniers à Sedan avec leur empereur Napoléon III ?

Hélas ! Il ne devait pas en être ainsi, l'héroïsme français ne pouvait se croire vaincu ; l'Empire fut renversé, la République déclarée ! L'impératrice dut s'enfuir à la hâte et le nouveau gouvernement appela aux armes toute la jeunesse valide, tous les hommes au-dessous de cinquante ans.

Une immense déception suivit la joie générale ; on se remit de nouveau à faire de la charpie, à tricoter des bas, à envoyer des colis postaux aux amis absents.

Deux ou trois jours après ces événements, la nouvelle se répandit que l'on allait envoyer 200 officiers prisonniers à Halberstadt ; mon père, parlant bien le français, devait s'occuper de l'hôpital où l'on enverrait les blessés, d'autres officiers seraient envoyés à Quedlinbourg, à Aschersleben, tandis qu'un certain nombre d'officiers supérieurs et une partie des soldats seraient internés à Magdebourg. Pour ces derniers, impossible de les loger en ville, car comment se serait-on attendu à un chiffre de prisonniers aussi formidable ? On organisa donc à la hâte un vaste camp sur le terrain des manœuvres en dehors de la ville, et c'est là que je suis allée les visiter un jour, m'étonnant de l'ordre et de la propreté qui y régnaient. Ayant raconté cette visite à une dame française de mes amies, elle avait fait insérer ce passage de ma missive dans le *Courrier de Rennes*, ce qui lui valut plusieurs lettres de mères françaises dont les fils étaient internés à Magdebourg, principalement d'une Madame P..., veuve d'un officier supérieur et professeur de piano. Elle supplia mon amie d'intervenir auprès de moi pour que je fasse parvenir à son fils une lettre de sa main puisqu'elle était restée jusqu'ici sans nouvelles de lui. Durant toute la guerre mère et fils se servirent ainsi de mon intermédiaire pour correspondre librement !

D'autres officiers et soldats furent dirigés sur Hambourg, Leipzig, Potsdam, Stettin, Königsberg, etc ; il arrivait assez fréquemment qu'ils se plaignirent de ces longs parcours en chemin de fer, prétextant, dans leur ignorance de la topographie du pays, qu'on s'amusait à les promener de-ci de-là pour leur faire croire que l'Allemagne était un aussi grand pays.

On ne se doutait nullement des difficultés que rencontraient les autorités locales pour loger et pour ravitailler une pareille quantité de troupes tombées dans le pays d'une façon si inattendue et pas du tout de leur goût. Les prisonniers se plaignaient du pain bis qu'ils n'étaient pas habitués à manger (1). On ne pouvait cependant pas leur en offrir de meilleur, puisque c'était le pain ordinaire des habitants et qu'on n'avait pas assez de froment sous la main pour leur faire cuire du pain blanc selon leur goût.

On avait cependant pour tous le plus d'égards possibles :

— Elles sont jolies vos Danziquoises, me disait à mon retour un professeur ami qui avait été interné dans cette ville. Simple soldat et sans ressources, il s'était adressé au gouverneur, le priant de vouloir bien lui procurer des leçons de français et lui permettre de se loger en ville. Et le gouverneur y avait consenti aussitôt, lui donnant ses filles pour premières élèves et l'appuyant chaudement en toute circonstance !

Le bruit de la prochaine arrivée de deux cents

(1). C'était, d'ailleurs, une vieille rancune des Français que de se plaindre du pain allemand. On raconte volontiers que, lors des guerres de l'empire, lorsqu'en Westphalie on offrit à un général français le pain du pays, il le refusa avec horreur en disant : « *Bon pour Nickel* » (nom de son cheval). Cette réponse saugrenue amusa tellement les habitants qu'ils appelèrent depuis ce temps « *Pumpernickel* » leur pain bis très savoureux estimé comme gourmandise.

officiers, prisonniers sur parole, se répandit rapidement dans la petite ville pittoresque, ancien évêché, fondé, au dire des vieilles chroniques, par Charlemagne même pour servir de boulevard contre les Saxons païens. Toute la population valide, hôteliers, petits rentiers désireux de trouver de nouveaux locataires pour leurs chambres abandonnées, badauds de tout âge, gens sérieux regrettant leur oisiveté forcée, tous furent réunis à la gare bien avant l'heure fixée pour l'arrivée du train. Parmi eux se trouvait un de mes frères, étudiant en médecine, qu'une jambe cassée et mal remise dans sa jeunesse avait empêché de partir avec la colonne sanitaire que conduisait son oncle, professeur de chirurgie à l'université d'Erlangen.

Il rentra fort tard dans la soirée, s'excusant de n'avoir pu faire autrement, et il nous raconta le désarroi général qui s'était produit à la descente du train, la plupart des officiers ignorant l'allemand. Baragouinant assez bien le français comme nous tous, il les avait secourus de son mieux, les mettant en relation avec les hôteliers et les propriétaires, et il s'était trouvé finalement en présence de deux officiers fort distingués qui, n'ayant pu trouver de logement, l'avaient prié de vouloir bien les accompagner en ville et de les y chaperonner.

Avec l'entrain de son cœur obligeant et primesautier, mon frère, oubliant l'heure du repas, s'était voué à cette tâche, et il ne les avait quittés l'un et l'autre que bien installés dans les différents logis de leur choix. Il ne tarissait pas d'éloges sur leur amabilité, leur reconnaissance, il se félicitait d'avoir pu leur rendre un signalé service et d'avoir tiré si bon avantage de ses connaissances de la langue française !

Cette rencontre inopinée se renouvela le lendemain où toutes les rues étaient sillonnées par des officiers en civil, facilement reconnaissables à leur tournure étrangère. Mon frère avait été aperçu par l'un des officiers rencontrés et pilotés la veille, qui, fort heureux de le revoir, s'était approché de lui pour lui serrer la main et pour le prier de vouloir bien accepter une petite badine pareille à celle qu'il désirait acquérir avec son aide dans le magasin voisin. Le jeune homme ne demandait pas mieux que de rendre un nouveau service à un étranger aussi aimable, son cœur était touché par cette manière délicate de le remercier, et, en peu de temps, ils étaient devenus amis, car avant de se séparer, le capitaine demanda la permission de lui rendre visite dans sa famille.

Il tint promesse et se présenta dès le lendemain avec ce tact, cette aisance d'un homme de la meilleure société ; il plut à tout le monde, fut invité à revenir et le fit volontiers puisque, durant ma présence à Halberstadt, il ne se passa guère un jour sans qu'il vînt nous voir, sans qu'il fût invité à dîner ou à souper avec nous. Il était très gaieet spirituel, et bien que ce fût principalement moi qui dus soutenir la conversation, tout le monde y prit part et y trouva un plaisir réel. Nous formions ainsi un groupe très heureux et très uni tous les soirs : mon père, très lettré, très au courant de la littérature française, ma belle-mère, sa femme, aimant beaucoup à recevoir, la sœur de celle-ci, musicienne accomplie et en plus leur mère, vieille dame des plus aimables, mes deux frères l'étudiant en médecine et l'ingénieur en herbe, et avant tout ma chère tante inoubliable, qui m'avait élevée. Femme d'infiniment d'esprit et de cœur, elle avait occupé durant trente ans la place de premier professeur au lycée de la ville ; retraitée maintenant elle était notre hôte quotidien, à la joie de nous tous. Elle parlait fort bien le français, qu'elle avait appris toute jeune de dames émigrées qui l'avaient prise en affection et aussi des officiers français en garnison à Halberstadt incorporé dans le royaume de Westphalie. Les officiers venaient souvent consulter son père médecin qui, rentrant tard ou occupé autrement, lui disait volontiers :

« Caroline, va tenir compagnie à ces messieurs pour qu'ils ne s'impatientent pas ! »

Dans ce milieu sympathique qui n'avait, au fond, rien de cette raideur allemande qu'on nous incrimine si volontiers, le capitaine se laissa aller librement à son humeur enjouée, les premiers jours d'ennuis et de tristesse passés. D'autres officiers avaient noué des relations avec d'autres familles, et tous, prisonniers sur parole, libres d'aller et de venir comme il leur plaisait, la plupart d'entre eux appartenant à la cavalerie, donc bien munis d'argent, semblaient supporter assez patiemment leur sort durant les premières semaines où j'eus l'avantage de les rencontrer assez fréquemment. Cependant, tous étaient furieux de l'incapacité de leurs chefs, du désarroi des commandements, de l'inertie des soldats complètement désemparés par la défaite !

Le temps passa ainsi sans apporter de grands changements dans notre vie, mais l'inactivité à laquelle j'étais condamnée pesait d'autant plus lourdement sur mon cœur que mes ressources étaient épuisées, que mon père, obligé de pourvoir aux besoins de ses quatre autres enfants, de ceux de son fils attaché à l'armée de van der Tann, ne pouvait guère s'occuper encore d'une fille capable et désireuse de gagner sa vie.

J'étais restée en correspondance avec la plupart des familles de mes élèves et amies, principalement avec ma vieille amie de Saint-Germain dont j'ai déjà parlé.

Elle s'était réfugiée en Angleterre et recevait l'hospitalité la plus généreuse du grand facteur de pianos M. Collard, qui avait à Wimbledon, aux environs de Londres, une habitation somptueuse dans laquelle il exerçait l'hospitalité la plus large. « Ma chère enfant, m'écrivit-elle, pourquoi vous tourmenter ? La guerre ne peut durer infiniment, les Français n'ont plus d'armée ; mais, puisque vous vous ennuyez de n'être plus auprès de moi, venez donc à Londres. M. Collard vous offre l'hospitalité, il sera charmé de vous recevoir, et ma fille et moi nous attendons impatiemment votre venue. »

Elle m'écrivit à peu près dans ces termes, et je ne pus résister à son appel, me disant que je trouverais bien moyen de me caser à Londres dans une famille anglaise si la guerre devait se prolonger malgré toute attente.

Ce fut donc par un jour gris de novembre que je quittai non sans tristesse ma famille, ma vieille tante que je ne devais plus jamais revoir et mes amies d'enfance.

Je restai un mois dans la villa élégante et spacieuse de M. Collard, auprès de ma vieille amie. J'avais trouvé par son aide, dès le premier jour, des leçons d'allemand dans une pension de jeunes gens ; mais cet argent ne pouvait suffire à mes besoins, car, quand j'étais libre, je promenais la fille de mon amie qui trouvait tout naturel que je payasse ses dépenses. Nous étions pauvres comme Job ; par le froid intense qu'il faisait, nous n'avions que des vêtements très insuffisants pour nous couvrir, un seul manchon pour nous réchauffer les mains, et mon orgueil, mon caractère indépendant ne me permettaient point de vivre ainsi.

Je m'adressai donc à une agence d'institutrices à Londres et je fus assez heureuse d'y trouver bientôt un engagement. Mon visage trop jeune m'avait encore joué le mauvais tour de me faire manquer une position à Londres même, que j'eusse préférée de beaucoup ; on m'annonça cette déconvenue dans la lettre la plus gracieuse du monde. J'acceptai donc une situation avantageuse (vu le prix de 2000 fr. par an, somme très élevée au moment de la guerre, où l'on n'avait que l'embarras du choix), dans la famille d'un gentleman farmer à Chatteris, misérable petite ville de 6000 âmes dans le Cambridgeshire. Mrs F., très bonne musicienne, m'avait donné la préférence à une autre compétitrice qui me semblait infiniment mieux jouer du piano que moi, « mais sans aucun sentiment », comme elle me disait plus tard.

Engagé pour le mois de janvier seulement, je pus encore accepter jusqu'à ce terme l'invitation d'une autre famille anglaise rencontrée à Saint-Germain chez ma vieille amie l'année précédente. Mr et Mme S. m'accueillirent avec la plus sympathique hospitalité ; j'y trouvais l'affection simple et familiale qui m'avait manqué à Wimbledon, et j'y serais volontiers restée pour tout l'hiver, comme le désiraient Mme S. et sa fille, si je n'avais été liée par mon engagement à Chatteris que je fus assez honnête pour ne pas rompre au dernier moment.

Hélas ! je menai à Chatteris la vie la plus triste et la plus décourageante ! Mes hôtes avaient bon cœur, mais ils étaient, intellectuellement, en retard de cinquante ans sur le monde que j'avais eu l'habitude de fréquenter ! Impossible de parler avec eux autre chose que religion ou politique, et encore ! Si je dis eux, c'est Mr. F. seul, sa femme n'ouvrant jamais la bouche. Tous les soirs le papa austère et bavard me reprochait mon peu de religion, ma nostalgie de la France et de l'Allemagne !

Avec Mr H., notre jeune docteur que nous recevions assez fréquemment ainsi que d'autres personnes de la famille, je soutenais d'interminables discussions politiques, lui, défendant le parti allemand, tandis que moi, avec mon origine allemande et mon cœur français, sans souhaiter du mal à mes compatriotes, certes non, je devais moralement et logiquement défendre les Français contre lesquels on disait tant d'inepties. Au plus fort de nos querelles, les dames se regardaient en souriant et se disaient « *I like to hear discussions* » (j'aime à entendre les discussions) ; jamais elles n'y prenaient part, jamais elles ne me reprochaient de trop parler, et c'était même la joie d'un de nos convives que de mettre mon contradicteur et moi sur ce chapitre brûlant.

Mes élèves, de bonnes filles très ignorantes, ne m'étaient d'aucune ressource dans ce milieu nouveau, dans ce pays horriblement laid, « *flat and fenny* » (plat, entrecoupé de canaux), où chaque sortie me rendait doublement malheureuse. Mais j'avais mon piano, ayant spécifié d'avance que j'en jouerais même le dimanche, et le faisant, à la fureur d'une vieille domestique scandalisée de ce manque de piété !

C'est dans mon cruel exil de Chatteris que je reçus la plupart des lettres publiées ci- après, mais il y en a d'autres qui me furent déjà adressées à Londres, à Halberstadt. Je ne fais que remplir un devoir d'infinie gratitude et d'émotion en transcrivant ici les quelques lignes d'une lettre qui me fut adressée à Saint-Germain et qui ne devait me parvenir que bien plus tard :

« Je partage entièrement les sentiments exprimés par ma fille et par ma femme, et je me joins à la dernière pour vous prier d'accepter l'asile fraternel que nous vous offrons de tout notre cœur.

« Le train du soir passe à Versailles à 8 h. 25 minutes ; on peut le prendre ; il y a, je crois, une voiture qui va de Saint-Germain à Versailles. »

La lettre de sa fille à laquelle Mr. B. fait allusion est datée du 27 août ; je ne crois donc pas me tromper en disant que j'ai quitté Paris le 26, deux jours avant l'expulsion générale des Allemands, ce que confirme d'ailleurs mon passeport daté du 25 août.

Il me reste peu de chose à ajouter :

Rappelée en Allemagne vers la fin d'août après la mort de ma très chère tante, je retournai ensuite à Paris, sur la demande de mes amis et élèves infiniment chers. Je rentrai en France au commencement de novembre, accueillie à bras ouverts par la propriétaire de la pension de famille où j'avais déjà passé un hiver et dont on lira, plus loin, les lettres intéressantes sur la Commune.

Ma vie, durant les premières années, ne fut certes pas facile ; il me fallut beaucoup de tact pour ne pas froisser mes élèves, mes amies les plus fidèles. J'ai beaucoup souffert, j'ai éprouvé bien des déceptions, mais j'ai toujours été soutenue par l'estime de ceux qui me connaissaient. Grâce à mon énergie et à toutes les amitiés que j'ai trouvées autour de moi, j'ai pu franchir victorieusement les années pénibles et les épreuves de toutes sortes !

Mais avant tout, qu'on ne voie dans ces lettres où je n'ai pu m'effacer entièrement, que le récit de mon exode forcé, de mes relations motivant cette correpondance, et non pas le moindre désir de me mettre en évidence. Je ne les livre à la publicité que dans un but d'apaisement, dans la satisfaction bien excusable d'avoir pu établir, durant cette époque douloureuse et troublée, un trait d'union entre deux peuples qui me sont également chers !

Lettres de l'Année Terrible

Lettres de l'Année Terrible

Lettres du Capitaine de hussards Edouard R..., fait prisonnier à Sedan et interné à Halberstadt.

Halberstadt, le 23 novembre 1870. — Ma belle victorieuse, Permettez-moi de vous donner ce nom, puisque je gémis sous les fers au sein de votre belle mais bien triste patrie. Aussi s'il est une douleur dans la vie, c'est celle que l'on éprouve au départ des personnes qui vous sont chères. Voilà deux êtres que j'aimais, vous et votre frère avec qui j'ai passé de bien doux moments et il faut que la fatalité brutale vienne vous enlever tout d'un coup, tous les deux à mon affection. Aussi, la douleur n'est-elle pas pour ceux qui partent mais bien tout entière et plus amère pour ceux qui restent. Ah! que votre maison m'a semblé vide, depuis que vous ne l'égayez plus de votre présence! Ce n'est pas à dire que votre famille ait changé de manière d'être envers moi, loin de là, votre famille est toujours la même, bonne et excellente pour moi!

Je voudrais vous parler de cette malheureuse guerre, malheureusement je n'ai guère de nouvelles et vous en avez plus que moi et, surtout, plus exactes, attendu que tout ce que je puis connaître, je ne le sais que par *l'Indépendance Belge*, qui me paraît être vendue aux Rouges, et par conséquent je ne puis compter sur sa véracité! Vous connaissez mon opinion sur les choses du jour, j'ai parlé à cœur ouvert avec vous, par conséquent je ne puis rien vous apprendre de nouveau, si ce n'est que je ne m'explique pas l'entêtement stupide du Gouvernement actuel à continuer la guerre; c'est vouloir amener la ruine complète de notre pauvre France et la mort inutile d'une quantité de braves gens dont ce n'est pas le métier ; tandis que la foule des gredins qui composent le gouvernement et qui l'entourent se contentent de se tenir éloignés du théâtre de la guerre, y prenant part seulement par leurs cris et leurs proclamations insensées ! Cela a, du reste, toujours été l'esprit français, proclamation sur proclamation ; du jour où les *assassins* et les journalistes ont mis un pied dans le pouvoir, nous avons été perdus ! Quant à la livrée vert et or *qui a fait merveille* à Sedan, je n'en parlerai pas, des gens plus autorisés et sérieux que moi l'ont déjà fait ; je me contenterai d'opiner du bonnet. Mais malgré tout cela je ne puis vous cacher, ma bonne et belle victorieuse, toute l'amertume dont mon pauvre cœur déborde quand je pense à tout ce qui se passe actuellement. Que va-t-il arriver de tous ces événements ? J'avais espéré un instant que le conflit soulevé par la Russie eût amené une situation heureuse pour nous, malheureusement il n'en est rien et je crois, au contraire, maintenant, d'après la nature que prennent les choses dans le cas d'une guerre Européenne, que la lutte entre la France et la Prusse continuerait ! Et ceci, voici pourquoi :

A la suite de cette malheureuse guerre, qui aurait dû finir à Sedan, il est surgi en France un commencement de haine profonde qui n'a fait que grandir lors de la Prussification (pardonnez-moi ce mot) de la Lorraine et de l'Alsace ; joignez à cela, une fois l'armée prisonnière, la quantité d'orphelins abandonnés sur le seuil de leur maison, arrosée du sang de leurs parents ! Il est évident, et malheureusement trop vrai que ces enfants vont sucer avec le lait de leurs mères la haine la plus profonde pour les envahisseurs de leur pays. Aussi qu'arrivera-t-il ? C'est qu'au bout de 5 ou 10 ans, une guerre plus terrible sans doute que celle-ci surgira et alors ce ne sera plus une question de gloire militaire pour l'un des deux pays qui sera en jeu, mais bien le sang de l'un d'eux que voudra sucer l'autre. Hélas ! quelle affreuse perspective ! Pardonnez-moi de vous avoir parlé ainsi, mais vous me connaissez et vous savez que je ne puis rien cacher et encore moins à vous qui avez toujours été si bonne pour moi !

Mais je finis cette longue lettre pour ne pas vous ennuyer plus longtemps. Si vous ne m'en voulez pas trop, donnez-moi deux mots de réponse, cela me prouvera que vous m'avez tout à fait pardonné. Ah ! j'allais oublier ! J'ai cherché dans toutes les *Indépendance* le nom de M. C. je n'ai pu encore le trouver, mais je puis toujours vous assurer qu'il était en parfaite santé le lendemain de la capitulation de Metz, ce sont les officiers qui en viennent qui l'ont vu et qui me l'ont dit.

Adieu, ma belle victorieuse, je désire que cet affreux griffonnage vous trouve en bonne santé et vous apporte, avec un parfum d'Halberstadt, tous les regrets et les ennuis de votre pauvre captif ; puisse un mot de cette petite bouche si fine et si moqueuse lui apporter aussi à lui un adoucissement à ses peines comme jadis la simple fleur à Silvio Pellico. En attendant, laissez-moi vous serrer la main à l'anglaise de la main gauche, car de la droite il faut que je vous prie d'accepter l'assurance de mes sentiments les plus respectueux et affectueux.

R., capitaine de hussards.

P. S. — J'apporte toujours les journaux à votre mère pour M^{r}.

Halberstadt, 4 décembre 1870. — Ma belle Germaine, Je vois avec peine que vous vous ennuyez à

Londres, où, d'après ce que vous dites, le brouillard est bien triste, et je comprends tout le désagrément de votre position. Mais aussi, pourquoi êtes-vous partie ? N'étiez-vous pas bien ici au milieu de votre famille, des personnes qui vous aiment ? Le climat de ma pauvre prison n'est pas des plus beaux, mais il vaut bien celui de Londres ! Ah ! vous ne vous figurez pas tout le chagrin que vous avez laissé en partant !

Que vous dirai-je ! La vie que nous menons est toujours la même, pleine d'ennuis et d'incertitudes avec, de temps à autre, une lueur d'espoir. Hélas ! quant à moi personnellement, pour faire plaisir à mes amis, j'ai l'air de partager leur opinion, mais je vous avoue que je n'ai aucun espoir ! Malgré tous les efforts que fait notre malheureuse France, *jamais l'armée du désordre ne pourra lutter contre celle de l'ordre !* J'ignore ce qui arrivera lors de la capitulation de Paris, dans tous les cas l'Angleterre aura été bien coupable de nous avoir abandonnés à notre malheureux sort, tandis qu'il lui serait si facile, en débarquant 60.000 hommes à Calais, de nous tirer des griffes de votre aigle qui nous étrangle. Mais son cœur, comme toujours, est voué à l'ingratitude et elle a oublié trop facilement ses amis de Crimée ; fasse le ciel qu'elle n'ait pas à s'en repentir ; la Russie n'a pas encore dit son dernier mot !

Pardonnez-moi ces quelques lignes de politique, mais, avec vous, je n'ai rien de caché, je vous ai ouvert mon cœur et vous avez toujours pu y lire à livre ouvert, vous me connaissez, je ne puis cacher ce que je pense !

Je vous serais infiniment obligé si vous pouviez me prendre un abonnement d'un mois au journal *la Situation*; bien que ce soit un journal bonapartiste, il donne pas mal de nouvelles et me paraît encore préférable à *l'Indépendance*, qui devient de plus en plus mensongère. Vous m'avez mal jugé quand vous me dites que vous avez peur que je me moque de votre style, vous savez bien le contraire et que je ne suis pas aussi méchant que vous le croyez.

Halberstadt, 12 janvier 1881. — Ma bonne petite amie, Laissez-moi vous donner ce doux nom, que vous méritez si bien, car vous me prouvez tous les jours combien vous êtes aimable ! Votre dernière lettre était charmante et surtout très longue, ce qui fait que vous ne pouvez croire à tout le plaisir que j'éprouve en la recevant. Je m'installe chez moi, dans un bon fauteuil, je ferme ma porte pour ne pas être dérangé par un importun et pour savourer à mon aise ma lettre. Vous ne pouvez vous figurer combien je suis heureux alors, et je voudrais que ma lettre soit cent fois plus longue pour que le plaisir durât plus longtemps !

... Comme tous les Français, je fais un peu de tout ; j'ai, comme vous avez dû vous en apercevoir, une instruction superficielle, sachant un peu de tout, mais n'ayant jamais rien approfondi, bien différent en ce genre avec vous, Allemands, qui êtes plus sérieux et plus travailleurs, qui, lorsque vous apprenez quelque chose, l'apprenez jusqu'au bout. Nous, au contraire, à quelques exceptions près, nous ne voyons que la surface et ne prenons qu'une idée de la chose. Nous sommes trop légers et futiles, pour ne pas dire paresseux, nous vivons avec notre esprit léger et nous croyons que cela suffit précisément à cause de cela et que nous passons pour avoir de l'esprit. Mais moi, qui n'ai rien de caché, je reconnais parfaitement mon infériorité d'intelligence avec vous, que je trouve bien supérieure ; la seule chose que je puisse vous opposer, c'est un peu d'expérience gagnée par tous les nombreux voyages, les choses et les hommes que j'ai vus !

Mais laissons cela et revenons à la photographie. On m'a fait voir celle que vous avez fait faire à Paris et que j'ai trouvée ravissante, seulement, comme j'ai vu que Mme votre mère ne me l'offrait pas, je n'ai pas osé commettre l'indiscrétion de la lui demander, et aujourd'hui je le regrette de tout mon cœur, car vous êtes charmante dessus. Je ne doute pas qu'il y ait aussi à Londres de bons photographes, mais cependant ne pourriez-vous en réclamer une à une de vòs amies? Votre place est toute prête là, devant moi dans un cadre à côté de ma pauvre sœur (la générale C...) près de laquelle je vous en ai réservé une. Vous seriez là constamment devant mes yeux. De la sorte, comme je vous le dis dans les vers qui sont derrière ma photographie, c'est surtout quand on est loin des personnes qu'on a le plus de plaisir à contempler leur image. C'est une douce consolation en leur absence.

Voici deux jours que je ne reçois plus le journal ; ne m'avez-vous pas encore abonné, comme je vous en avais priée ? Je n'ai pas reçu *l'International*, comme vous me le dites, mais le *Daily News* ; seulement, comme il était écrit en anglais, je n'ai pas pu le lire, je l'ai donné à un de mes camarades sachant l'anglais qui en a fait ses délices. J'ai bien regretté, car j'aurais appris là sans doute des nouvelles de ma pauvre patrie plus fraîches et plus vraies que celles que nous donne *l'Indépendance Belge*, qui ne dit jamais la vérité. Ce n'est pas que j'aie conservé de l'espoir, hélas ! non, ma pauvre amie, il y a longtemps que ma conviction est faite et que je ne conserve plus une ombre d'espoir ! Au contraire, c'est avec des larmes de sang dans les yeux que je lis toutes les nombreuses dépêches qui apportent chaque jour la nouvelle d'un nouveau revers, hécatombe inutile et absurde de malheureux condamnés d'avance par l'égoïsme et l'ineptie des chefs. Ce que je souffre, ma pauvre amie, est impossible à décrire et je peux l'avouer à vous qui, j'en suis sûre, pleurez aussi sur le malheureux sort de votre patrie d'adoption ; car, je le sais, vous aimez ma pauvre France, et sous l'enveloppe germanique qui vous couvre bat un cœur qui ne peut voir sans douleur les malheurs accabler un pays où l'on a tant de personnes qui vous sont chères.

Versailles, le 4 juillet 1871. — Ma belle Germaine, Je vous écris ces deux mots sur papier ministériel, n'en ayant pas d'autre en ce moment dans mon bureau. C'est assez vous dire combien je travaille et combien je suis occupé depuis que je suis auprès de mon beau-frère en qualité d'officier d'ordonnance ; mais, comme vous le voyez, je sais toujours trouver un moment pour causer avec les personnes que j'aime.

Je suis rentré d'Halberstadt le 6 juin, je ne dirai pas que je le regrette, je mentirais ; mais cependant je suis forcé d'avouer que, quand je suis monté en wagon, j'avais le cœur gros ; cela se comprend facilement, j'avais fait des connaissances, noué des relations, en un mot rencontré partout où je m'étais présenté des marques de bienveillance et de sympathie, surtout dans votre excellente famille, et bien que nous soyons ennemis plus que jamais puisqu'ayant signé la paix, croyez que je n'oublierai jamais la manière aimable et pleine de délicatesse dont j'ai été accueilli chez vous.

Quel bonheur pour l'humanité si tout le monde

avait possédé les mêmes idées que celles de votre excellente famille, peut-être que cela aurait diminué énormément cet amas de haine que le plus grand nombre des prisonniers ont emporté avec eux d'Allemagne, haine qui, malheureusement, n'a fait que s'accroître à la rentrée en France à la vue des désastres inévitables de la guerre ; mais surtout à côté de toutes les atrocités commises malheureusement par vos officiers plus que par vos soldats. Longtemps j'ai lutté contre cette idée, et vous me connaissez, je suis bon naturellement, eh bien franchement, quand j'entends raconter chaque jour tout ce qui s'est passé et, malheureusement, tout ce qui se passe actuellement dans les départements occupés, j'avoue que cela me monte au cœur et m'indigne. Notez que ce que je vous dis ici est l'expression de la pure vérité, que je ne vous en parle qu'après examen et d'après une fonction surtout qui me fait voir et découvrir chaque jour des choses nouvelles. Croyez-moi, ma belle amie, vos compatriotes ont tort, mais ils ne se figurent pas tout le monceau de haine qu'ils s'attirent et Dieu sait que de sang cela va faire encore verser !

Vous voyez que je vous parle à cœur ouvert et en véritable ami, comme je l'ai toujours fait jusqu'ici ; je vous parle en homme raisonnable qui, par sa position, voit froidement les choses, eh bien, je tremble pour l'avenir. Vous avez pu juger par les journaux anglais du résultat de l'emprunt, emprunt qui est arrivé en 6 heures à 4 milliards et demi sans compter les 1500 millions proposés et garantis par Rothschild et l'emprunt souscrit dans nos colonies.

Vous avez pu vous rendre compte, malgré nos nombreuses défaites et toutes les horreurs et déprédations commises par Gambetta et les communaux, combien la France est riche !

Mais ne parlons plus de cela, c'est trop triste, j'aime mieux parler un peu de vous, j'ai su par M. votre père que vous étiez allée passer vos vacances à Londres ; j'ignore si le temps y est aussi vilain qu'ici, dans ce cas je vous plains bien sincèrement. Vous savez que je n'ai pas oublié la promesse que j'ai faite avant votre départ de vous trouver à Paris chez Madame C... Je compte toujours sur votre parole, et, si vous retournez en Allemagne comme votre père me l'a dit, il vous sera facile de passer par Paris et au mois d'octobre le ministère quittera Versailles pour s'installer à Paris.

En attendant, ma belle Germaine, laissez-moi toujours me dire votre tout dévoué et respectueux serviteur et ami.

R.

Voici mon adresse : « M. R., capitaine de cavalerie, officier d'ordonnance du Ministre de la guerre à Versailles. »

MINISTÈRE DE LA GUERRE
Etat major général
CABINET DU MINISTRE

Versailles, 19 juillet 1871.

Je vois, ma belle amie, que vous êtes un peu voyageuse, car enfin, depuis que vous habitez les brouillards de l'Angleterre, voici la troisième résidence que vous occupez. Je commence à croire que ce pays ne vous plaît que médiocrement et que vous ne le supportez qu'avec de nombreux changements.

J'ai reçu votre lettre avec bien du plaisir et vous le savez du reste, car notre amitié s'est commencée dans des jours tellement tristes, du moins pour moi, que c'est une raison pour elle de s'affermir dans les jours meilleurs ; je ne doute pas qu'il en soit ainsi de votre côté.

J'ai vu avec plaisir aussi que votre santé est toujours florissante, ce dont je remercie le ciel pour qu'il vous conserve longtemps à votre excellente famille, qui a toujours été si bonne pour moi.

Que vous dirai-je de nouveau maintenant que nous sommes amis de par M. Jules Favre à Francfort? Eh bien, entre nous deux qui n'avons rien signé, nous ne nous en estimons pas moins, mais moi, de mon côté, je ne crois pas à la paix et je vais vous dire pourquoi. Vous savez que j'ai toujours été franc avec vous, pourquoi? Parce que j'aime votre caractère et vous estime, je n'ai donc jamais eu rien de caché pour vous, c'est mon cœur qui toujours pousse ma plume. Eh bien, voici la situation!

Il existe actuellement en Allemagne un parti qui grossit tous les jours, qui a été effrayé, malgré l'état de ruine où nous a laissé la guerre, de la manière dont l'emprunt a été couvert, ce qui lui a prouvé que nous n'étions pas tombés aussi bas qu'il le croyait. Alors, que veut ce parti? Il veut profiter de ce que la Prusse est encore suffisamment armée et prête pour recommencer la guerre et nous écraser tout à fait. Cette idée, malgré qu'elle rencontre de grands obstacles dans la classe pauvre, classe qui, malgré les triomphes de l'armée, ne les a que trop arrosés du sang de ses enfants, cette idée, dis-je, n'en fait pas moins de grands progrès en Allemagne, à Berlin surtout, où est le rendez-vous de tous les mécontents qui n'ont pas été suffisamment récompensés. Heureusement que chez vous où les idées libérales ne priment pas encore, la famille est d'un grand poids dans la balance, et fait toute votre force, cette idée-là n'a pas été comprise par la classe ouvrière et a rencontré peu d'adhérents, sans cela qui sait ce qui serait arrivé? Je sais bien que cette fois-ci, les puissances étrangères ne le permettraient pas, dans tous les cas cela amènerait un conflit européen.

Je comprends parfaitement l'inquiétude de ce parti qui veut la guerre ; ce parti sent très bien la faute qu'il a commise en prenant l'Alsace et la Lorraine que je ne puis mieux comparer qu'à la Vénétie et à la Lombardie. Tôt ou tard, ces deux provinces qui ne vous coûteront que de l'ennui et de l'argent, vous serez obligés de les lâcher. Comptez-vous aussi pour rien cette haine que vous continuez à amonceler par les procédés du restant de vos troupes en France, procédés dont je ne veux pas vous parler à cause de votre pudeur et amour-propre de jeune fille et d'allemande.

L'avenir est affreux à penser, ma pauvre amie, et, je le crains pour vous, une revanche terrible se prépare. Nous avons eu un moment de faiblesse que nous avons payé très cher, mais quelle leçon aussi pour nous ! ! ! Vous ne sauriez croire quelle source de vitalité il existe dans notre pays. Mais ne parlons plus de cela, je ne veux pas vous attrister inutilement et revenons, si vous le voulez, auprès de votre bonne famille, causer un petit peu comme aux premiers jours. J'ai écrit à M. votre père, j'espère qu'il a reçu ma lettre, dans tous les cas j'attends toujours sa réponse. Comme Mme votre mère doit être contente d'avoir son fils auprès d'elle, comme elle doit le soigner, il ne manque plus que vous. Si vous écrivez à Mme votre mère, rappelez-lui qu'elle a promis de m'envoyer les photographies de toute la famille, je les attends avec impatience.

Allons, il faut que je vous quitte, voilà que l'on me fait demander pour affaire de service, et cependant j'avais bien du plaisir à causer avec vous et j'espère me rattraper une autre fois. Il fait horriblement chaud ici et, pour comble de malheur, il me faut rester toute la journée serré dans un uniforme de hussard ; c'est très coquet, mais bien gênant.

Alors, adieu encore une fois, laissez-moi baiser le petit bout de vos ongles roses. Bien à vous.

R.

Ceci est, je crois, la dernière lettre de mon charmant ami ; le contact avec ses compatriotes, les rancunes amassées par eux, les points de vue de son entourage ont évidemment modifié peu à peu son caractère léger et impressionnable. Je l'ai revu deux fois seulement selon mon souvenir : une fois il m'a rendu visite, serré dans son uniforme, dans mon salon de l'hôtel du Retiro ; la seconde fois, ce fut au Val-de-Grâce, où il se trouvait en convalescence, et où il m'avait priée de lui rendre visite. Je croyais ne pas devoir lui refuser cette demande, mais de nouveau je le trouvai raide, froid, plus du tout comme autrefois.

Le capitaine avait d'ailleurs, déjà changé quelque peu de caractère avant son départ d'Halberstadt, comme le font supposer ces quelques lignes d'une lettre de ma belle-mère. J'y ai ajouté par contre une impression louangeuse de mon père.

Halberstadt, 10 mars 71. — Vendredi dernier, le capitaine a passé sa dernière soirée avec nous, avec votre tante Caroline et ma sœur ; tous sont restés jusqu'après 11 heures. Il était très animé, mais trop chauvin au dire de ton père. D'après lui, nous n'avions pas remporté de victoire à Metz, au contraire, et il se plaisait dans la phrase usuelle que Bazaine avait agi en traître. Il a invité ton père à dîner avec lui pour aujourd'hui ; étant très désireux de partir, il l'a prié d'agir en son intérêt chez le commandant Braune pour qu'il lui permette de rejoindre son beau-frère à Hambourg.

Et mon père de m'écrire : « J'ai déjeuné aujourd'hui avec R., regrettant de ne rencontrer que M. de P. et de M., les autres camarades étant sur le point de partir ce soir même à quatre heures. Il parle toujours de son rendez-vous avec toi chez Mme C. à Paris. Cet homme me plaît beaucoup et tous ceux qui le connaissent regrettent qu'il s'en aille si tôt. Mais tu comprendras que nous sommes fiers de nos victoires ; ne te laisse pas détourner de cette conviction par les Anglais perfides. »

Le capitaine mourut jeune, l'Annuaire militaire pourrait dire l'année.

Le capitaine C., prisonnier sur parole après la reddition de Metz et interné à Hambourg. Officier des chasseurs de la Garde Impériale en garnison à Saint-Germain-en-Laye.

Hambourg, 28 novembre 1870. — Chère demoiselle, Depuis le jour de mon arrivée à Hambourg, c'est-à-dire depuis le 10 de ce mois, j'allais deux fois par jour à l'hôtel du général dans l'espérance de trouver enfin une réponse aux nombreuses lettres que j'ai écrites depuis ma captivité; et chaque fois je revenais le cœur bien gros de ne rien trouver qui ressemblât même à mon nom; lorsqu'enfin, il y a une demi-heure, je vois une lettre avec trois timbres-poste rouges et parfaitement à mon adresse. Je ne pouvais en croire mes yeux.

Je tournais et retournais cette bienheureuse missive entre mes doigts, la contemplant comme un enfant admire son premier jouet.

Un sentiment intérieur me disait bien que cette lettre devait me parler de l'excellente Madame M., mais je ne reconnaissais nullement l'écriture puisque c'est la première fois que j'ai le plaisir d'avoir un autographe de vous.

(Mon amie, obligée de sortir, m'avait priée d'écrire en son nom; j'étais auprès d'elle à Londres et nous venions de recevoir une lettre de lui, nous donnant son adresse à Hambourg.)

Le cœur me battait bien fort quand j'en brisai l'enveloppe, et ma joie fut bien grande quand je lus votre signature. Ah! merci mille fois, chère demoiselle, vous n'avez pas perdu votre journée, car vous avez fait un heureux!

J'ai lu et relu dix fois votre bienheureuse lettre, et

toujours avec un plaisir nouveau. Songez donc que, depuis le 18 août, c'est la première que je reçois et je vais la conserver bien précieusement. Je l'appellerai mon premier jour de bonheur ! (rien de la musique de M. Auber).

Que vous êtes donc aimable de vous être donné tant de peine pour avoir de mes nouvelles ! Jamais je n'oublierai cela, et si jamais je puis vous exprimer ma reconnaissance autrement que par des paroles, soyez certaine que j'en saisirai l'occasion avec le plus vif empressement.

Dans le malheur on apprécie bien mieux tout ce qui peut alléger la position et votre lettre a été un véritable baume sur la blessure morale dont je ne pourrai me guérir de longtemps.

Enfin ! Comme vous me le dites si bien, ce sont des épreuves auxquelles Dieu nous soumet, et il faut savoir courber le front et méditer sur l'instabilité et la fragilité des choses humaines !...

Si je n'étais pas prisonnier de guerre et si je ne songeais aux désastres de mon pauvre pays, je serais aussi heureux que possible à Hambourg. C'est une des plus jolies villes que j'aie vues. Les habitants y sont très affables et nous ont tous parfaitement accueillis. Je passe une partie de mon temps à donner des leçons de français aux enfants de ma propriétaire. Ne riez pas, ce sont de charmantes jeunes filles : l'une a 19 ans, l'autre 18, et je suis heureux des progrès réels qu'elles font. En revanche, elles m'apprennent l'allemand. Quand la paix me permettra de rentrer en France, je parlerai avec vous la langue si riche de votre pays ; on m'a déjà fait force compliments sur la manière dont j'articule et prononce les mots.

Un monsieur, dont j'ai fait la connaissance il y a 2 ou 3 jours, m'a témoigné la plus grande sympathie. Il m'a présenté à sa famille qui m'a invité à dîner hier et qui m'a conduit au théâtre. On jouait *Ein Blatt Papier*, pièce en trois actes de Sardou (*l'Autographe*, je suppose). L'orchestre était excellent, je me suis bien amusé et, chose étrange et comme corroboration à ma pensée, en recevant votre bonne lettre, on a joué avant la première pièce l'ouverture du premier jour de bonheur. Cette musique, qui me rappelait des jours meilleurs, m'a fait venir les larmes aux yeux.

Adieu, ou plutôt au revoir, chère Demoiselle, je vous adresse encore tous mes remerciements pour la grande preuve de sympathie que vous venez de me donner, et vous prie d'agréer l'expression de ma vive reconnaissance.

Votre tout dévoué,

C. C.

Hambourg, 13 décembre 70. — Chère Demoiselle, Vous êtes réellement bien bonne pour moi, et je ne sais comment vous en exprimer toute ma reconnaissance, je crains de tomber dans des redites continuelles. Quand on est dans le malheur, on apprécie bien mieux les attentions de l'amitié! Ainsi, si j'avais quitté Saint-Germain pour aller faire un voyage d'agrément en Allemagne, j'aurais accepté avec beaucoup de plaisir une lettre de recommandation pour vos compatriotes. J'aurais considéré cela comme une occasion toute simple d'adresser vos compliments à vos amis, et comme toute peine mérite salaire, j'en eusse profité!

Mais aujourd'hui, je suis isolé, triste souvent, malheureux toujours, et votre bonne recommandation devient un acte de charité. En écrivant à vos amis pour vous efforcer d'adoucir mon sort, vous avez agi sous l'inspiration autant de l'amitié que d'une pensée pieuse. Et je suis sûr qu'elle vous sera comptée dans le ciel, car qui donne aux pauvres prête à Dieu !

J'ai donc été bien agréablement surpris, mercredi dernier, de trouver à l'hôtel du Général, où je vais deux fois par jour, une lettre de Hambourg à mon adresse. C'était M. S., négociant, qui m'écrivait m'annonçant que, sur votre recommandation, sa maison m'était ouverte, et qu'il serait très heureux de faire ma connaissance.

Je me suis rendu à cette gracieuse invitation et j'ai été touché de l'accueil si bienveillant qui m'a été fait. Le mari est un homme charmant, jeune encore, plein d'entrain et paraissant aussi heureux de la joie qu'il éprouve auprès de sa petite famille que de celle qu'il ressent de dispenser à un étranger les bienfaits de son hospitalité. Il parle un peu français. Sa femme est distinguée, a de l'instruction, est musicienne et a la bonté peinte sur le visage, elle parle très bien français. Deux charmants petits bébés font la joie de cette bonne famille : un petit garçon de 4 à 5 ans, et une ravissante miniature de fille de 3 ans sont là comme un double trait d'union de cet heureux ménage. Ils ont été jusqu'à présent élevés par une gouvernante française et comprennent un peu ce que je dis.

Le frère de Madame, pasteur protestant, a plutôt l'air d'un officier de hussards que d'un ministre de la religion. Il fume comme Jean Bart, aime la plaisanterie et m'a été très sympathique ; il n'est pas marié. Il désire que j'aille le voir souvent et me prêtera des livres français. Il est orateur et parle allemand avec beaucoup de distinction.

Je vais aller aujourd'hui revoir cette bonne famille (il y avait été invité à dîner lors d'une première visite) mais je n'ai pas voulu le faire sans vous avoir écrit et bien remerciée.

Quand donc serons-nous encore réunis à Saint-Germain dans le salon si hospitalier de Mme M... Dites-lui que j'attends une longue lettre d'elle, etc.

Hambourg, 24 décembre 70. — Chère Demoiselle, Lorsque j'ai répondu à votre excellente amie Mme Th., je l'avais priée de vous adresser et mes remerciements et mes meilleurs compliments. Je n'ai pas voulu vous répondre le même jour, parce qu'ainsi je puis vous donner plus souvent de mes nouvelles, et cela augmente le nombre des visites, des bonnes causeries que j'ai à cœur de vous faire!

Je ne saurais assez vous remercier de m'avoir fait recommander à la famille Sch. : ils sont pour moi aussi bienveillants que possible et il ne se passe pas de semaine sans que j'aille m'asseoir à leur table. Hier encore, Madame m'avait prié de venir l'aider à orner, à arranger un splendide arbre de Noël, destiné à faire aujourd'hui la joie et le bonheur de ses deux charmants petits enfants. J'ai placé des bonbons, des pains d'épices, des guirlandes de perles de toutes les couleurs, j'ai attaché un nombre considérable de bougies qui, allumées, produiront un effet magnifique. Puis j'ai arrangé sur deux tables, placées à cet effet, des jouets de toutes sortes, des boîtes de soldats, des Prussiens se battant contre des Français (et c'est votre ami, le capitaine C., qui arrangeait les soldats, figurait les champs de bataille); en un mot, j'ai cherché à me rendre utile et quoique je ne sois pas riche, j'ai voulu que le prisonnier apporte aussi sa petite pierre à cet énorme édifice de bonheur. J'ai acheté deux joujoux pour les enfants, quelque chose de fort simple, mais qui sera pour les enfants un premier gage de ma reconnaissance.

On m'a invité à venir assister à cette grande fête

qui a lieu aujourd'hui à 7 heures du soir, mais j'ai remercié. Toute cette joie qui, dans un autre moment, aurait été une caresse pour mon cœur, ne pourrait être aujourd'hui qu'une étreinte plus poignante, et j'ai prétexté un engagement antérieur de l'emploi de mon temps pour cette soirée !

Je suis également reçu dans la famille de M. S. ; sa sœur est fort aimable et parle très bien français ; son frère, qui est pasteur, est un homme charmant... Je ne sais s'il fait aussi froid en Angleterre qu'à Hambourg, mais nous avons en ce moment, et depuis 4 jours, de 10 à 12 degrés de froid. Quel dommage que notre bonne petite amie Nina ne soit ici avec sa mère ! Quelle bonne partie de patinage nous ferions ! Ici toutes les dames patinent, je ne m'offrirai pas le luxe de cet exercice, car il me faudrait acheter des patins, ce qui serait une nouvelle dépense !

Permettez-moi de vous offrir à l'occasion de la nouvelle année, mes meilleurs souhaits. Puisse surtout le commencement de 1871 nous voir tous réunis dans le salon si hospitalier de notre excellente amie.

Hambourg, 7 mars 1871. — J'ai bien des excuses à vous adresser de ne pas vous avoir écrit plus tôt, mais, nos lettres s'étant croisées, je n'avais rien de bien intéressant à vous raconter, ma vie ici étant toujours la même. Comme vous le dites fort bien, l'hiver a été des plus rigoureux et depuis que l'Alster s'est dépouillé de son long manteau de glace on se sent revivre... La petite vérole se promène à ce qu'il paraît et l'on ne rencontre que des gens qui vont se faire vacciner ou qui viennent de subir cette opération.

J'ai eu la visite du capitaine R., que j'avais déjà vu à Saumur. Je n'ai pas besoin de vous dire que nous avons longuement parlé de vous et de votre amabilité et, pour ne pas vous faire rougir, je me contente de vous faire connaître le sommaire de notre entretien ; je vous laisse à penser aux détails.

Voilà donc la paix signée ! Mais les conditions en sont tellement dures que je crains qu'elle ne soit pas de longue durée ! C'est un champ fertile en calamités que l'on vient d'arroser avec beaucoup de sang et qui ne pourra jamais produire que des idées de revanche. L'avenir est donc tout gros de nuages bien noirs et ne peut présager que de nouvelles misères, de nouvelles larmes et de nouvelles hécatombes !

Mais, laissons ce côté si triste, si sombre. J'évite de traiter un pareil sujet parce que, quel que soit le point où on l'envisage, on ne voit que haines, misère et désolation ! Il n'y a qu'une seule chose qu'on pourrait voir debout, si on avait le temps ou le courage d'y penser, ce sont des milliers de tombes !

J'ai reçu depuis un mois 4 ou 5 bonnes lettres de mon excellent ami Mar. C. est toujours malade. L'affection de poitrine qu'il a eue en faisant le service de soldat aux avant-postes est toujours à l'état aigu et ne paraît pas céder beaucoup. Cette persistance inspire à tout le monde les plus vives inquiétudes.

Demain, nous allons être réunis et le général nous parlera de notre départ qui, je l'espère, sera très prochain, probablement lundi ou mardi de la semaine prochaine. Je vous avoue que je serai bien heureux de revoir notre chère et si infortunée France.

Le Sénat de Hambourg, par un sentiment de délicatesse qui l'honore, a décidé que l'on ne ferait de réjouissances publiques qu'après le départ des prisonniers français. Nous échapperons donc à ce dernier supplice.

Adieu et encore merci, chère demoiselle, de ce que vous avez fait pour moi pour adoucir ma captivité, soyez convaincue que je vous en garde une profonde reconnaissance. Votre tout dévoué.

J'ai revu le capitaine à Paris fin décembre 1871 ou bien au commencement de janvier 1872, dans le salon hospitalier de notre excellente amie. Il m'a témoigné une vive et sincère reconnaissance; envoyé loin de Paris, son régiment de la Garde ayant été licencié et non reconstitué après la chute de l'empire et après la fondation de la République, je ne me souviens guère où il alla ! Lui aussi, d'ailleurs plus âgé que R., doit être mort bientôt après, car il n'était pas homme à nous oublier.

Lettres du lieutenant A. P., de Rennes, interné à Magdebourg.

(Un inconnu pour moi, ainsi que sa mère ; je fus mise en relations avec eux par mon amie Mme B., de Paris, refugiée à Dinard.)

9 janvier 1871. — Mademoiselle, J'ai l'honneur de vous accuser réception de la lettre de ma mère et de ma sœur en date du 1er janvier que vous avez eu l'obligeance de me transmettre.

J'ai fait à la hâte réponse à cette lettre et, sans retard, je me permets de vous l'adresser escortée d'une photographie que ma mère attend impatiemment. Je vous serai de nouveau bien reconnaissant de vouloir bien transmettre à Rennes et la lettre et le portrait, ce dernier est si lourd que je suis obligé de restreindre le poids et le format de mon papier. Vous daignerez donc excuser ce billet écourté !

J'ai eu l'honneur de recevoir, il y a quelques semaines, une aimable lettre de M. votre père, laquelle a dû me parvenir par une personne de Magdebourg dont j'ignore encore et le nom et la demeure en cette ville. J'ai attendu avant de récrire à Halberstadt, supposant que je recevrais une indication de me présenter ici chez les parents ou amis de votre famille avec lesquels M. votre père me disait qu'il daignerait me mettre en relations.

J'ai, par discrétion respectueuse, cru devoir attendre jusqu'ici : je vais écrire de nouveau à M. le docteur Heinecké. Je supporte désormais avec plus de patience cette captivité prolongée. Je crois ma carrière militaire brisée au moment où elle était en bon chemin, mais je me consolerai de ce malheur si je vois ma mère et ma sœur rester encore à l'abri de tout danger.

6 février 1871. — Mademoiselle, Je vous envoie pour Rennes un bien volumineux paquet pour lequel vous aurez encore l'obligeance de fournir une enveloppe et l'adresse de ma mère,

La lettre chargée que vous m'avez fait l'honneur de me transmettre, bien qu'arrivée à Magdebourg le 1er du mois, ne m'a été remise qu'hier, dimanche matin. J'avais reçu auparavant celle que vous avez bien voulu me transmettre ensuite — si je n'ai pas répondu de suite à cette dernière, c'est que j'attendais avant tout de pouvoir vous accuser réception de celle contenant un billet de 50 francs. — Je regrette que ma mère ait cru devoir m'envoyer cet argent, je n'en avais encore nul besoin. Il est vrai que les conditions de la paix peuvent être longues à discuter et faire prolonger l'armistice. Je crois que nous ne reverrons guère nos familles avant deux ou trois mois encore, et votre indulgente bonté me sera bien secourable de nouveau pour faire tenir quelques nouvelles lettres à ma mère. Le bureau militaire, qui nous permet de déposer une lettre à destination de France chaque semaine, ne les accepte que fort courtes, car un officier supérieur, chargé du service des prisonniers, à l'obligation de les lire et ce serait un travail interminable pour lui, je le comprends, si nous écrivions tous longuement.

Cette correspondance avec nos familles est pourtant notre seule consolation, et je ne saurais, pour mon compte, jamais vous répéter assez combien je vous suis reconnaissant de me mettre à même de causer un peu longuement avec ma mère et quelques amis qui vivent près d'elle.

Quant à ce que vous me faites l'honneur de me dire au sujet de l'avenir qui nous attend en France sur les ruines de cette guerre, je crois que vous êtes complètement dans le vrai. — Je suis résolu à commencer une carrière industrielle : j'ai trente ans à peine et suis encore assez jeune.

Je garderai cependant un commandement dans nos futurs Landwehrs ; car on ne sait ce qui est écrit là-haut ! — ...Je veux encore croire cependant que les chefs de l'Allemagne nous feront des conditions acceptables — et alors vienne, si c'est possible, la réconciliation. Je l'appelle de tous mes vœux...

Magdebourg, 10 mars 1871. — Mademoiselle, je n'ai reçu que plusieurs jours après son arrivée à Magdebourg, la lettre chargée que vous avez daigné m'adresser à la date du 2 de ce mois. Je vous prie d'agréer de nouveau tous mes remerciements pour votre aimable obligeance, pour les marques de sympathie que vous m'adressez.

C'est avec un cœur profondément reconnaissant que j'aimerai toujours à me souvenir, croyez-le, Mademoiselle, des procédés particulièrement gracieux dont vous et les vôtres avez usé envers moi et qui ont adouci, autant qu'il était possible, l'amertume de ma captivité !

De cette paix précaire qui vient d'être signée à Versailles, et des conférences qui vont se tenir à Bruxelles pour procéder, avec tout le cérémonial des chancelleries, au démembrement de la France, vous m'excuserez de ne rien vous dire, quand vous saurez que, bien qu'ayant ma famille en Bretagne, je suis né à Metz! Ma mère a des lettres de moi, écrites au début de la guerre et dans lesquelles je lui ai plusieurs fois répété que, si la victoire couronnait nos efforts, nous serions généreux et humains après le combat, et que pas un de mes soldats ne s'écarterait, à cette heure, des traditions chevaleresques si en honneur dans les anciennes et victorieuses armées françaises!

Le sort des armes a prononcé et nous subissons dans toute leur rigueur, les effets de cet arrêt. Heureux encore ceux d'entre nous qui, au retour, ne trouveront pas leur maison brûlée et verront s'entr'ouvrir à leur approche les bras d'une mère! — Heureuses les mères qui verront leurs fils! — Mais heureuses aussi, Mademoiselle, les familles qui, comme la vôtre, honorent la victoire par des sentiments généreux et élevés. Celles-là donneront à l'Allemagne ses plus nobles enfants!

Vous daignerez encore aujourd'hui, Mademoiselle, excuser l'exiguïté du papier sur lequel, de peur de son poids, je me permets de vous écrire : J'ai écrit longuement à ma pauvre mère affligée ; ma sœur est au lit, affreusement malade de la petite vérole qui sévit en Bretagne depuis nos défaites du Mans — à la suite de nos malheureuses armées.

C'est maintenant surtout que la captivité me semble longue, mais je me plais à répéter, Mademoiselle, qu'au souvenir des épreuves subies à Magdebourg se joindra le précieux et inaltérable souvenir que devra garder de vos bontés votre serviteur le plus profondément respectueux et reconnaissant.

(*Dernière lettre non datée.*) Mademoiselle, je me permets encore d'avoir recours à votre obligeant et secourable intermédiaire pour faire passer à ma mère une lettre destinée à lui faire connaître que je sais le danger bien près de Rennes désormais ! Je vois avec tristesse la désorganisation s'éterniser et la ruine s'étendre sur mon malheureux pays.

Les journaux disent le grand-duc de Mecklembourg en marche sur Rennes par Mayenne. Il y aura sur cette route bien des soldats allemands immolés encore, car les bois, les rochers et les embuscades naturelles abondent sur ce parcours ! Un grand nombre de nos volontaires bretons trouveront aussi la mort en défendant ces défilés, pour essayer de sauver leurs foyers de l'invasion, du meurtre et de l'incendie ! — Je souhaiterais, pour le repos des deux nations, non seulement la fin de cette guerre, mais aussi l'extinction impitoyable de toute idée de vengeance ultérieure dans le cœur de mes compatriotes !

Sans savoir ce que l'année nous réserve, je me fais une fois de plus un devoir de reconnaître, Mademoiselle, les procédés pleins de cordialité dont votre famille a usé envers moi.

P.-S. — Oserais-je vous prier, puisque les communications ferrées sont maintenant coupées entre Cherbourg, le Mans et Rennes, de vouloir bien, en mettant ma lettre sous enveloppe à l'adresse de ma mère (quai de Nemours à Rennes), ajouter à la suscription cette indication : « *Via Southampton et Saint-Malo* » ? Ce serait, je crois, assurer l'arrivée de ma lettre, la huitième que, par différentes voies, j'adresse à ma mère depuis le 1er janvier sans connaître l'arrivée d'une seule encore !

Extraits de lettres écrites en français par M. Bernhard Heinecké, âgé de 21 ans, sous-officier à la 1re Compagnie du régiment des fusiliers n° 34, IIe Corps d'armée.

Champlitte, 28 février. — J'avais une grande joie de ta lettre et je veux volontiers y répondre en français. Nous sommes le premier bataillon de notre régiment (n° 34) dans cette petite ville, mais elle est très belle pour nous reposer. La ville de Champlitte est située sur la route de Gray à Langres ; cette dernière ville est encore éloignée de cinq lieues. Nous sommes arrivés ici samedi 18 et nous resterons jusqu'à ce que nous quittions la France, ce qui sera bientôt, car hier est arrivée la dépêche de la paix qui fut affichée dans toute la ville par ordre de notre commandant. La dépêche est ainsi libellée :

« L'armistice est prolongé jusqu'au 12 mars ; les préliminaires de la paix sont signés. »

Et c'est très heureux pour tout le monde, nous avons tous eu grande joie et aussi les habitants.

Nous avions, dans les derniers jours de janvier et dans les premiers jours de février, beaucoup de fatigues et beaucoup de grandes marches, c'est vrai. Mais le bon Dieu m'a conservé et je le remercie de tout mon cœur. Et maintenant nous pouvons être tranquilles, un camarade et moi, par exemple, nous avons trouvé un bon logement chez des gens qui sont très gentils avec nous, bon service et bon manger. Les marches de Poligny jusqu'ici n'étaient pas longues et je suis allé en voiture, car je suis fourrier de notre compagnie, c'est très agréable, n'est-ce pas? Nous avons passé par Dôle et Gray ; le chemin de fer va depuis quinze jours de Gray à Vesoul et encore plus loin, depuis hier aussi jusqu'ici. C'était un joli aspect pour nous pour la première fois depuis longtemps. Mon camarade et moi nous allons à bac maintenant l'après-midi sur la rivière qui traverse la ville et qui est très profonde, un bon plaisir! Alors nous entendons aussi la belle musique de notre régiment qui joue devant la porte du commandant du régiment. Nous avons régulièrement service le matin et pas plus. Nous avions, dans les derniers jours, revision de nos habits qui étaient en assez mauvais état. Le temps continue toujours très doux; on voit dans les jardins des groseilliers et d'autres arbres qui sont déjà verts, on sent qu'on est plus au midi. Je ne peux plus faire tes amitiés à mon hôtesse, car nous avons quitté Poligny.

Dijon, 4 avril. — Comme j'ai entendu hier, c'est maintenant une grande révolution à Paris et beaucoup d'hommes sont tués. Oh, pauvre France, c'est bien triste, c'est l'unique expression ici! On n'a donc pas encore perdu assez d'hommes dans cette guerre malheureuse! Tu as cru très justement que nos soldats ne souffrent point. Nous recevons par jour nos portions de pain, de viande, de riz, d'haricots, etc. Les soldats qui restent encore en France reçoivent depuis le 21 mars une augmentation de solde arriérée; les sous-officiers comme moi, par exemple, reçoivent un supplément durable et les simples soldats par jour encore six sous de plus. J'ai reçu le 11 avril 13 fr. 27, les soldats 5 fr. 27 sous. Mais la vie à Dijon est aussi très chère, une bouteille de bière coûte dix sous. Depuis ce temps nous ne recevons plus de cigares.

Nous avons maintenant chaque dimanche la sainte communion. Adieu, ma chère sœur, que Dieu te garde!

Montigny, 17 juin 1871. — Tu as bien entendu déjà que la paix définitive a été *conclue* (signée) maintenant à Francfort-sur-le-Main entre Bismark et Jules Favre. Nous espérons et nous désirons tous alors retourner en Prusse. Notre vie ici est toujours de même : nous sommes de service tous les matins jusqu'à deux heures et c'est tout. Le reste de la journée se passe au grand air. Mes amis G. et H. et moi, nous avons été le dernier dimanche à Champlitte, qui est à peu près à 8 kilomètres d'ici, pour visiter nos chers *hôteliers*. Tout le monde était très aimable avec nous. M. Vitry, mon propriétaire, nous a donné un bon dîner et à souper avec du bon vin. Tu te souviens que notre bataillon était dans cette petite ville depuis l'armistice. Le temps est très beau, presque trop chaud, les lilas ne fleurissent plus, mais les dyclitras, les muguets, les fraises, les vignes, etc... Aujourd'hui le ciel *est pas clair*, le temps est frais et triste.

Lettres traduites du lieutenant Cochius, Ire division de la Landwehr de la Garde

Saint-Germain-en-Laye, 4 novembre 1870. — Ma chère tante, Bien accueilli par M. D. après la remise de vos lignes, j'ai appris que votre chambre a été louée à un Anglais malade, que votre piano y est fermé à clef et que vos autres affaires aussi étant restées dans la chambre sont gardées de façon à ce que personne ne puisse y toucher. J'ai dû renoncer à l'espoir de vous en envoyer en Angleterre, notre maître de la Feldpost m'ayant dit qu'il ne pouvait recevoir des effets particuliers, et quant à les envoyer à Calais, cela me paraît impossible puisque le pays est tout en désarroi. Bourbaki, qui avait formé aux environs de Rouen, avec les troupes dispersées de Sedan et des gardes mobiles, une soi-dite armée du Nord, a donné sa démission, et nous n'avons affaire dans ces parages qu'à des troupes indisciplinées qui ne respecteront guère les propriétés particulières surtout à cause des envois des ambulances anglaises qui fonctionnent ici. La seule possibilité serait de les confier à un courrier partant pour l'Allemagne qui vous expédierait votre colis par Cologne, mais il est difficile de connaître d'avance l'heure et le jour de son départ. J'ai donc très peu d'espoir à vous donner, mais, d'un autre côté, vos affaires me paraissent absolument en sûreté, non seulement parce que le Monsieur anglais habitant votre chambre ne peut la quitter, vu son état, et que toute propriété particulière est en parfaite sûreté tant que les maisons ne sont pas abandonnées ; par contre, si elles le sont, l'un ou l'autre est tenté de voir ce qui s'y trouve et dans ce cas l'on détériore plutôt les objets que l'on ne les vole.

Après m'être deux fois déjà mis en toilette pour rendre visite à M. M. et avoir toujours été empêché de réaliser ce désir par suite d'appels inattendus, je me suis présenté chez lui hier en tenue de marche (sans bagages pourtant). J'ai été très aimablement reçu par lui, je lui ai dit tout ce que vous m'aviez chargé de lui dire et lui ai remis l'adresse de sa femme. Il lui a déjà écrit plusieurs fois et lui écrira de nouveau ; notre Feldpost accepte maintenant les lettres particulières, même des lettres cachetées pour l'Angleterre.

J'ai aussi vu sa nièce ; ils sont, tous les deux, dans de grands embarras, n'ayant qu'une bonne à tout faire et 12 soldats à nourrir, tandis que d'habitude on ne compte que 4 hommes pour un propriétaire et que beaucoup n'en ont pas du tout. Je suis très furieux, malheureux de ne pouvoir m'exprimer mieux en français, les mots me manquent, je me casse la langue à vouloir les faire sortir, et bien que la nièce parle allemand, je ne puis me permettre de parler cette langue en présence de son oncle qui ne le comprend pas.

Nous sommes ici depuis le 16, le premier régiment de la Landwher de la Garde, le 13e régiment de dragons et 2 batteries de campagne. Je demeure rue des Ursulines, 20, chez la duchesse de Vicence, qui n'a laissé que son concierge pour garder la maison et qui se charge de nous fournir le linge, le chauffage, etc. Nous prenons nos repas à ses frais à l'hôtel du Prince-de-Galles, où nous dînons assez bien ; on lui paie 6 fr. par personne. Le vin aussi est bon, et spécialement M. Grosoin du Vésinet, propriétaire d'une usine au bord de la Seine, que nous allons prochainement fusiller comme espion, pourrait vous en vanter l'excellence. Quand j'y étais en faction le 21, tandis que d'autres compagnons de mon bataillon se battaient avec les Français près de Bougival et de la Malmaison, j'ai trouvé enterré chez lui un véritable trésor : nous avons remis à la Mairie l'argenterie et le linge, le vin nous l'avons gardé ; il y avait du malaga, de l'alicante, du madère, du bordeaux, du bourgogne d'une qualité que je ne boirai sans doute jamais plus de ma vie.

En dehors de sel et d'alumettes on ne manque de rien à St-Germain, bien que le beurre coûte 2 fr. 50 la livre, la viande 2 fr. Le champagne par contre ne coûte que 6 fr., 8 fr. tout au plus.

Les habitants sont en vérité très dociles et bien disposés, il n'y a que les vauriens (hommes en blouses) qui flanent sur la terrasse avec des figures renfrognées. Nous avons établi dans une mansarde du Pavillon Henri IV un observatoire avec une longue-vue superbe qui nous permet de reconnaître chaque individu, chaque mouvement ennemi au Mont-Valérien, et de plus, chaque sortie nous est annoncée d'avance de Versailles. Nous sommes malgré cela toujours sur nos gardes, on alarme à tout moment, puis ce n'est rien. Les mauvaises langues prétendent qu'on a pris pour un transport de canons les 26 chariots de pommes de terre sortant du fort.

Les espérances de paix sont, au dire du prince impérial lui-même, très incertaines ; on a dépossédé Trochu et Favre, mais les gardes mobiles les ont réinstallés à leurs postes. On dit aussi que le Mont-Valérien et Montmartre se sont séparés de Paris pour continuer la défense jusqu'à l'extrême. On renonce à bombarder la ville puisqu'on croit pouvoir la forcer à se rendre par la faim. Selon toute apparence, les forts tirent sur des rebelles parisiens. Je ne sais si nous allons rester longtemps ici, il nous arrive même du quartier général les nouvelles les plus contradictoires de sorte que le mieux est ne rien *croire* et s'attendre à tout !

On voit ici les drapeaux de toutes les nations : il y a une ambulance anglaise qui ne demande que des maisons pour ses 300 lits, on l'a casée au boulingrin n° 50, et 30 rue Napoléon. Les rosiers sont encore tout en fleurs, le réséda aussi, on paie 4 sous pour 2 choux-fleurs au jardin de Mme Fouet ! Au Vésinet, j'ai fait connaissance d'une famille allemande aux avant-postes, mais j'ai oublié le nom : deux vieilles dames et une très jolie nièce blonde qu'on dit déjà fiancée à un officier des hussards prussiens, elles m'avaient invité à dîner comme elles font ordinairement pour les officiers des avant-postes de leur voisinage !

La Bazoche-Gouet, 20 décembre 1870. — Ma chère tante, Malgré tout mon respect pour vos connaissances géographiques, je me permets de douter que vous connaissiez le lieu de mon séjour, je vous dirai donc que cette petite ville est située dans le département d'Eure-et-Loir à environ 7 lieues au sud de Chartres et que l'on nomme cette contrée « la Perche », je pense. Je crois avoir reçu trois lettres de vous dont j'ai répondu deux, envoyant la dernière déjà directement en Angleterre. Elle était datée de Dreux car j'ai quitté St-Germain le 8 novembre et j'ai dû envoyer votre lettre à M. M... par notre Feldpost, j'espère qu'il l'a reçue. Je dois vous avouer que je l'ai trouvé très souffrant de goutte ou de rhumatisme à une dernière visite, mais il m'avait prié de n'en rien dire puisqu'il ne doutait point qu'il serait de nouveau sur pied en peu de jours. Je ne saurais d'ailleurs me permettre aucun jugement vu le peu de français que je parlais. Je dis que je parlais, car depuis j'ai fait beaucoup de progrès surtout pour ce qui concerne la prononciation, car je me suis trouvé en constant rapport avec des Français, tous enchantés de moi puisque je me gardais bien de toucher à leurs côtés faibles. Je pourrai, après la paix, toujours revenir dans mes différents quartiers, certain d'y être accueilli amicalement. J'ai souvent dû entendre ces mots flatteurs : « Monsieur, vous êtes trop bon, trop poli pour un Prussien. » On va ici beaucoup plus loin avec un peu d'amabilité qu'avec de la violence. Grâce à cela j'ai toujours de très bons quartiers. Mon propriétaire à Chartres, républicain enragé, m'avait gratifié au départ de quelques bouteilles de malaga « pour le voyage ». Nous avançions vers l'armée de la Loire, il croyait sûrement à notre défaite et tout en souhaitant tout le mal possible à notre cause, il me disait : « Je prie Dieu de vous conserver, et, si vous êtes blessé, revenez à nous, on vous soignera comme un fils de la maison », et il était sincère en le disant.

Je vais maintenant vous raconter ma vie : après avoir passé très agréablement trois semaines à Dreux, notre bataillon se rendit à Saint-André et prit au lendemain Evreux, ville de 18.000 habitants qui, jusque-là, avait été la place de ralliement des mobiles. Mais comme au lendemain déjà Manteuffel envoya de Rouen des troupes à Évreux, nous continuâmes notre route sur Chartres, d'où, après trois jours d'arrêt, nous nous dirigeâmes vers le Sud avec 4 bataillons et demi, 3 batteries et la 5e division de cavalerie pour attaquer par le flanc gauche l'armée de la Loire, forte de 200.000 hommes et faisant front au Loir, où se trouvent le grand-duc et le prince Frédéric-Charles. Voici cinq jours que nous pourchassons l'ennemi qui quitte une position après l'autre devant notre petite troupe. Nous avons repos aujourd'hui pour réparer quelque peu nos bottes, et demain la chasse reprendra. Le laurier pousse ici à l'état naturel, nous ne l'avons pas encore mérité.

Le temps est redevenu chaud avec beaucoup de pluie et de brouillard, les premiers dix jours du mois le thermomètre n'annonçait que 8 degrés.

Je crois volontiers que les Anglais ne vous plaisent point, nous ne les aimons pas non plus, car nous avons beau prendre autant de fusils et de canons que nous voulons, ces *épiciers* en envoient toujours de nouveaux !

Je termine, ayant encore quelques autres lettres à écrire ; si vous voulez me favoriser d'une réponse, veuillez l'envoyer toujours sous l'adresse usuelle : *Lieutenant M. C., 6e compagnie, 1er régiment de Garde de la Landwehr*, et ajouter : *attaché pour le moment à la 5e division de cavalerie*.

Quelques lettres de mes amis B. réfugiés à Dinard.

27 août 1870. — Ma chère amie, J'ai été véritablement peinée en lisant votre lettre (où je lui avais fait part de mes impressions déprimantes de la part de la police de Saint-Germain et exprimé mon obligation de quitter le pays), j'y réponds immédiatement, espérant que ma lettre vous touchera encore à Saint-Germain, car je ne sais si l'on en laisse passer en Allemagne. La nouvelle de votre départ m'a beaucoup attristée surtout dans des circonstances comme celles où nous nous trouvons, mais je comprends que vous ayez pris cette résolution. Quant à moi, ma chère amie, et à tous ceux qui nous entourent, quoique nous ayons horreur de l'invasion, nous n'avons contre la nation prussienne aucune animosité, nous plaignons, au contraire, tous les pauvres soldats de votre pays qui quittent à regret leurs femmes et leurs enfants pour venir se battre contre nous. Cette pensée est tellement atroce et nous préoccupe tant que nous ne pouvons songer à autre chose, nous n'avons pas le courage de prendre aucune espèce de distraction, et nous sommes doublement anéantis parce que nous attendons avec inquiétude les nouvelles qui nous arrivent toujours en retard.

Il me serait bien pénible de ne pas vous retrouver au retour, car nous avons une vive affection pour vous, et nous pensons bien souvent à vous qui avez dans l'armée des personnes de votre famille. Dans la nôtre, personne n'est encore parti, mais bien des jeunes gens de notre connaissance sont gardes mobiles et peuvent être appelés à combattre d'un moment à l'autre. Nous n'osons pas penser à l'issue de cette horrible guerre, mais vous pouvez sentir combien nous désirons comme vous qu'elle se termine le plus tôt possible de manière à ce qu'on puisse conclure une paix durable. J'espère alors que vous reviendrez en France, et je serai la première à m'en réjouir. Vous avez raison de dire que ce sont des ignorants et des gens sans cœur que ceux dont vous avez excité la haine, car tous ceux qui sont véritablement intelligents et honnêtes ne forment qu'un seul vœu, celui de la fraternité entre nos deux pays. Pour moi, ma chère amie, mon amitié ne saurait que croître dans les événements malheureux par lesquels nous passons et nous rapprocher encore par les souffrances que nous endurons.

L. B.

Chère et bonne amie,

Je viens de lire ce que vous dit ma Lucie, j'y applaudis de tout mon cœur et ne saurais y ajouter qu'une chose, c'est l'espoir que j'ai, que, connaissant nos opinions, vous n'avez pas douté un moment que notre estime et nos sympathies aient été ébranlées par les événements actuels. Partez, chère amie, je crois cela prudent, notre amitié et nos vœux pour un prochain retour vous accompagnent. Nous, nous restons ici attendant les événements. Mon mari n'a pas la santé nécessaire pour faire le métier de soldat, puis, il a d'autres raisons que je vous dirai plus tard, de sorte qu'il ne partirait que forcé et contraint et malgré moi.

Mettez votre projet à exécution le plus tôt possible, car du jour au lendemain les communications peuvent être partout coupées. Mais, il me vient une idée à laquelle mon mari applaudit des deux mains : Je ne sais ce que nous resterons à Dinard, mais si cela vous est agréable, je vous offre de tout mon cœur une petite place ; là vous seriez en parfaite sûreté. Si cela peut vous convenir, acceptez comme je vous l'offre, chère amie, de tout mon cœur. Un mot de réponse immédiate, je vous prie. A vous de cœur.

E. B.

Je partage entièrement les sentiments exprimés par ma fille et par ma femme, et je me joins à la dernière pour vous prier d'accepter l'asile fraternel que nous vous offrons de tout notre cœur.

E. B.

En cas que vous n'ayez pas le temps de répondre, arrivez sans écrire, voici comment on s'y prend :

Le train du soir passe à Versailles à 8 h. 25 minutes, on peut l'y prendre. Il y a, je crois, une voiture qui va de Saint-Germain à Versailles.

Lundi 12 septembre. — Dans la dernière lettre que je vous avais écrite, j'avais évité de vous parler de la fatale guerre, sachant bien que c'était un sujet trop délicat à aborder.

Vous le faites, chère amie, et je me vois forcée à vous répondre ceci : Nous ne comptons pas sur l'épuisement d'une nation comme la vôtre pour la repousser de notre sol, je ne sais dans quel journal vous avez lu cela, moi, je ne l'ai jamais lu dans aucun, et j'en reçois, à Dinard, tous les jours 4 ou 5. La France, sachez-le bien, ne compte que sur les efforts de ses héroïques enfants dont le souffle puissant de la liberté vient embraser les cœurs ! Eh, vous ne savez pas ce que c'est qu'une nation qui se réveille, vous allez l'apprendre !

Sachez, ma chère amie, que pour soutenir notre jeune République, nous sommes prêts aux plus grands sacrifices de sang et d'argent ! Je vous ai dit que mon mari resterait à Dinard ; oui, tant que cette guerre était injuste, tant que notre infâme tyran nous l'infligeait, à vous et à nous, il n'était pas tenté de partir, mais aujourd'hui, tout a changé de face et les rôles sont intervertis ; votre Guillaume fait son métier de roi, il manque à sa parole, il fait la guerre au pays, même quand le pays n'a plus d'empereur, et alors même que le peuple français par l'organe de notre éloquent Jules Favre proclame hautement qu'il n'a jamais songé à faire de cette guerre une guerre de conquête, il veut, lui, nous enlever l'Alsace et la Lorraine, découvrant ainsi ses projets longtemps nourris d'envahissement ! Alors, maintenant que le siège de Paris devient imminent, tous les Parisiens qui l'avaient quitté y rentrent pour le défendre, tous depuis vingt jusqu'à 60 ans, mon mari tout le premier ! Nous sommes ici à Dinard plus de 2000 femmes nous sacrifiant à nos enfants, sans quoi nous les eussions accompagnés au péril. Vaincrons-nous ? nous l'espérons maintenant que notre cause est devenue la *juste*, mais quoi qu'il arrive et comme le dit notre sublime poète V. Hugo : « Si dans cette guerre vous avez la victoire, nous, nous aurons la gloire. »

Adieu, chère amie, et sans rancune ; vous m'avez

donné l'opinion de l'Allemagne, je vous donne celle de la France ; je vous embrasse et vous aime !

Dinard, 12 octobre. — Votre bonne et affectueuse lettre m'a fait grand plaisir; s'il me fût resté un nuage de rancune, elle l'eût dissipée, soyez-en sûre, mais il n'en était rien, comme je vous l'ai déjà dit.

Je vous suis très reconnaissante des renseignements que vous me donnez de nos pauvres prisonniers chez vous; je vois avec bonheur que vos populations ne leur sont plus hostiles et qu'ils sont bien accueillis dans les familles, du moins ceux d'entre eux qui, par leur instruction et leur éducation, peuvent être admis dans la bonne société.

J'aurais voulu avoir, pour vous répondre, les renseignements que vous me demandez, mais comme vous ne dites pas exactement les noms de ces personnes, je n'ai pu agir directement. Dans cette alternative, j'ai écrit au rédacteur en chef du *Journal de Rennes* en le priant d'insérer le passage de votre lettre qui concerne nos prisonniers. Il l'a fait hier, et aujourd'hui je reçois d'une pauvre dame de Rennes, qui est veuve et qui a son fils *unique* prisonnier à Magdebourg, une lettre de bénédictions avec la prière de lui envoyer l'adresse de la personne par qui j'ai eu des renseignements. Je viens de lui répondre et lui promets qu'avec ma recommandation vous ferez votre possible pour lui faire avoir des nouvelles de son fils par votre sœur qui, m'avez-vous dit, habite cette ville. Je joins mes prières aux siennes et vous serais bien obligée si vous voulez aussi m'envoyer à moi-même les nouvelles que vous aurez reçues et qui seront plus sûres d'arriver en les envoyant à deux personnes.

Le prisonnier en question est M. P., lieutenant

de chasseurs. Sa mère lui a écrit six lettres sans en avoir de réponse et elle n'a pas eu de ses nouvelles depuis le 17 septembre dernier. Elle était gravement malade quand il est parti pour la guerre, il doit avoir les plus grandes inquiétudes sur son compte.

Je compte sur vous, ma chère amie, pour adoucir les angoisses de ces deux pauvres êtres. J'ai donné à cette dame votre adresse et votre nom que je n'avais pas mis, bien entendu, dans le journal ; voilà la sienne : Mme P., 19, quai de Nemours à Rennes (Ille-et-Vilaine).

Vous me demandez de nos nouvelles, chère amie, elles ne sont pas gaies comme vous pensez, nous sommes toujours tristes et bien anxieuses. Depuis le 18 septembre, j'ai eu pourtant le bonheur d'avoir reçu par ballon 5 lettres de mon cher mari. Tous les nôtres vont bien, mais les Parisiens sont résolus à une défense énergique, ils en ont tous les moyens et ils sont décidés à périr jusqu'au dernier homme plutôt que de se rendre.

Lettres de Mme P... domiciliée à Rennes

Rennes, 2 janvier 1871. — Chère Mademoiselle, mille fois merci de votre bonne lettre, je vais profiter de votre adresse pour envoyer une lettre à mon fils ; il n'a reçu aucune nouvelle de moi depuis le 30 novembre. Je pense que cela tient à la désorganisation des postes de votre pays !

Vos vœux sont les nôtres ! La Paix est un terme à ces massacres que je déplore comme vous ! Nos pauvres soldats comme les vôtres ne demandaient pas cette guerre horrible. Ah ! quelle douleur pour tous, et quand cela sera-t-il fini ? Je suis trop souffrante pour sortir, et il fait froid ; je sais que Mme de C... va toujours mieux. Ah ! que n'est-ce à Halberstadt que mon fils soit prisonnier ! Je vous remercie mille et mille fois de vous employer pour lui ! Il le mérite à tous égards, le pauvre cher !

Mme B..., mille fois bonne, a bien voulu m'écrire et je suis fort touchée et reconnaissante des sentiments qu'elle veut bien m'exprimer.

J'attends une réponse de mon fils, chère demoiselle, pour savoir ce qu'il désire, et aussitôt je lui en ferai l'envoi par votre bienveillant intermédiaire. Combien je vous suis obligée ! Veuillez donc mettre à la poste anglaise cette lettre pour lui, elle lui arrivera sûrement.

Soyez mon interprète auprès de M. votre père pour le remercier des bienveillants intérêts qu'il porte à mon fils, et, en même temps, recommandez-le lui encore ! Pourvu que les officiers de Magdebourg ne soient point punis pour ceux qui, sans tenir compte de leur parole donnée, cherchent à s'évader ! ah ! ce serait une douleur pour moi de sentir mon pauvre fils en prison ! Comme il souffrirait ! lui qui a déjà tant de peines !

Complez, chère Mademoiselle, sur mes meilleurs et plus affectueux sentiments.

Rennes, 17 janvier 1871. — Chère Mademoiselle, mille et mille fois merci de votre bonne lettre et de celle de mon fils avec sa photographie ! J'ai été bien émotionnée en recevant cet envoi ! Ah ! nous sommes bien malheureux ! Nous croyions être loin du théâtre de cette guerre que nous déplorons toutes deux pour les maux incurables qu'elle fait à nos deux nations! Et voici que les combats récents donnés sous les murs du Mans ont fait refluer l'armée française vers la Bretagne ! Nous sommes menacés de l'occupation ! par suite les émigrants de Paris fuient, et je perds six élèves : outre cela, je vois d'ici le tourment de mon fils, aussi je viens vous demander s'il vous serait possible de m'écrire une petite supplique en allemand que je pourrais présenter à ceux de vos compatriotes qui viendraient chez moi ! Vous leur direz que je suis une pauvre veuve de votre connaissance, et que vous les priez de m'épargner. Je crois qu'ils pourraient, sur cette recommandation, ne pas trop me réquisitionner ! — En effet, j'ai si peu de ressources en ce moment ! Jugez-en : Rien de Paris d'une petite rente annuelle de 500 fr., rien du Crédit foncier où j'ai 4 obligations et dont je touchais 80 fr. par semestre; rien de Toulouse où j'ai un modeste bureau de tabac rapportant 300 fr. par an ! Et je ne sais si c'est la Poste de la ville qui me l'aurait repris, je n'ai rien reçu le 1er janvier. Tout m'accable ! J'ai une jeune femme qui se meurt de frayeur, il m'est impossible de fuir ! Avec quel argent ? J'ai quelques meubles, épaves retirées de mon aisance passée ! Ces pauvres vieux amis de mon époque heureuse et que j'ai pu garder jusqu'ici sembleraient indiquer l'opulence, hélas ! tandis qu'ils masquent ma situation gênée. J'ai quelques petites provisions chèrement achetées et qui seraient vite consumées s'il me faut loger et nourrir les soldats prussiens !

Aussi, j'ai eu l'idée de vous demander cet écrit et avec instante prière de ne pas le faire attendre, car on attend les troupes du Prince Frédéric-Charles d'un instant à l'autre, et c'est grande frayeur pour nous !

Paris se défend, mais, hélas ! arrivera le jour où il n'y

aura plus de pain, c'est terrible! *Aucun de vos soldats* ne désirait la guerre qui l'arrachait à son pays, à sa famille; *aucun des nôtres ne la voulait non plus*, hélas! nous sommes vaincus et la victoire coûtera cher à vos compatriotes! Ah, nous pleurons, pauvre Mademoiselle, et nos cœurs s'entendent, ils se comprennent parfaitement, vous déplorez les malheurs de nos deux patries et moi aussi!

Je vous remercie encore de tout mon cœur et j'attends le mot qui pourra, peut-être, nous éviter bien des malheurs! J'ai adressé, comme vous me l'avez dit, non un paquet mais une lettre à mon fils par l'intermédiaire obligeant de M. Charles Siemens (la grande et célèbre maison des câbles sous-marins à Londres); le paquet a été pris par l'obligeance d'un compatriote qui a son correspondant à Bonn. Je vous remercie et vous demande si je puis continuer à adresser les lettres de mon fils par ce Monsieur? j'affranchis celles d'Albert et les mets sous double enveloppe, il n'y aurait plus qu'à les jeter à la poste.

Les lettres affectueuses inquiètes, peureuses, continuent ainsi du 20, 27 janvier, 10, 23, 25 février, toujours supplications et remerciements sans aucun intérêt réel, demandes de placer des dentelles faites par la jeune fille, bref n'offrant aucun renseignement vraiment utile après ce long laps de temps. Celle du 3 mars consent enfin à reconnaître que les lettres arrivent directement aux prisonniers, ce qu'elles faisaient durant toute la guerre bien qu'avec des retards; il y en a une du 27 mars, du 20 avril, et la dernière seule, datée du 6 juin, me paraît intéressante à reproduire :

Rennes, 6 Juin 1871. — Chère Mademoiselle, c'est bien tard venir vous écrire et vous annoncer le triste événement qui est venu ajouter à la somme des souffrances que j'ai endurées depuis bientôt un an. —

Mais comme, Dieu merci, tout est passé et bientôt terminé, je puis en ce moment vous raconter avec calme l'événement qui a mis les jours de mon fils dans un grand danger! Il y avait juste 15 jours qu'il était de retour d'Allemagne avec un congé d'un mois lorsque le général Cissey l'a demandé à Versailles pour le mettre sous ses ordres (et pour obliger la veuve dont il connaissait la position difficile) en service de tranchée. Ce fut avec un véritable désespoir que je vois repartir mon pauvre Albert, et surtout pour cette atroce guerre civile! C'était sans doute un pressentiment! Car dix jours après son arrivée à Versailles, et lorsque son service l'appelait à la batterie du Moulin de Pierre, il a été atteint par les flammes d'un obus qui, en éclatant près de lui, a fait sept victimes. Albert a eu la figure et les mains terriblement brûlées! De plus, un éclat de ce projectile le frappa à la jambe droite et y faisait uue grave contusion. Seulement, la douleur atroce des brûlures l'empêcha de sentir cette atteinte à la jambe, tant elles étaient atroces! Relevé et sauvé d'abord par les braves soldats qui l'ont roulé dans la poussière pour éteindre les flammes et qui, par là lui ont sauvé la vie, Albert a été transporté à l'hôpital civil de Versailles où je suis allée pour le soigner et le ramener ici dès qu'il a pu être transportable! Je renonce à vous exprimer ce que ce cher patient a souffert, et moi dans mon impuissance à le soulager! C'est impossible! Grâce à Dieu, la figure est guérie et, chose miraculeuse, elle ne conservera aucune trace! Les mains plus durement atteintes, surtout la droite, ne sont pas encore remises. Il faut encore habiller et déshabiller le pauvre blessé ; il y a quelques jours à peine, il fallait lui donner à manger comme un enfant. Il est ici avec un congé de quatre mois en convalescence, il l'a bien gagné ainsi que la Croix de la Légion d'honneur et l'épaulette de capitaine qu'enfin le général Cissey lui a fait obtenir !

Notre pays, profondément atteint aussi, a besoin de se remettre et Dieu sait comment la France va se tirer de la position difficile que les tristes et regrettables événements de Paris lui ont faite ! Espérons toujours, c'est la suprême consolation !

Lettres de Mme Eugénie P. à Saint-Germain-en-Laye.

17 février 1871. — Chère mademoiselle, je ne puis vous dire assez combien nous avons été touchés de votre lettre et de votre charitable souvenir pour nos pauvres. C'est bien bon à vous et Dieu vous bénira pour ces sentiments si rares et si vraiment chrétiens ! Croyez-le, je suis la même pour vous, malgré tout ce que j'ai souffert et tout ce que je souffre encore comme Française. Laissons ce sujet pénible pour toutes les deux, j'aime mieux vous dire d'abord que, matériellement, on n'a pas eu à se plaindre à Saint-Germain comme dans beaucoup d'autres villes ; tout est relatif en ce monde, en temps de guerre surtout. Eh bien, on ne pourrait vraiment pas dire sans injustice qu'ici vos troupes se soient mal conduites. Moralement nous en avons beaucoup enduré ! hélas ! Vous avez pris votre revanche de 1806. Maintenant nous devrions bien nous en tenir là et faire la paix pour tout de bon et pour toujours.

Mes filles sont en Dauphiné près de Grenoble depuis le 7 septembre. J'ai voulu leur épargner les émotions trop fortes encore pour elles, et les soustraire à des dangers qu'elles n'auraient pas eu à redouter, je l'ai vu depuis. Les pauvres chéries sont près d'une cousine qui est pour elles une autre mère, toutefois il leur tarde extrêmement, comme à nous, de revenir à Saint-Germain, et mon mari ira les chercher dès que ce sera possible.

Mme S., que j'ai vue ces jours-ci à Paris, va bien ; ses enfants sont en Suisse depuis le commencement de septembre, et elle s'apprêtait à aller leur faire une courte visite. Que de séparations ! Que de douleurs ! La pauvre Augustine Siegel est en Angleterre ; un de ses frères, M. Théophile, est mort des suites d'une blessure reçue au Bourget. M. et Mme Brion sont à Paris avec leur fils aîné, toutes leurs filles et Eugène sont à Orthez dans les Basses-Pyrénées depuis ce malheureux commencement de septembre. Grâce à Dieu, leur maison du Vésinet est encore debout, et même intacte en dedans.

Quant à mon petit Léon, il ne nous a pas quittés, et il est devenu d'une raison au-dessus de son âge. De tels spectacles mûrissent promptement les jeunes cœurs.

Ma sœur a constamment dirigé l'ambulance du Château. Elle qui recevait les blessés depuis le commencement d'octobre, elle n'a plus eu que des Allemands à soigner ; mais les malades ne sont pas des ennemis. Je l'ai aidée, et j'ai aidé plus encore depuis le commencement de novembre, jusqu'à ces derniers jours, des religieuses que l'on avait chargées d'installer et de diriger trois ambulances pour nos soldats malades dans l'avenue du Boulingrin. Une de ces ambulances était plus spécialement mon domaine, et la veille de Noël j'ai passé ma journée à préparer un *Arbre* pour ces pauvres gens qui disaient bien du fond du cœur avec les Anges : *Friede auf Erden.*

Le papier bordé de noir vous dira que je suis en deuil. En effet, j'ai perdu mon bien-aimé oncle, le maréchal Randon, qui a succombé à Genève le 13 janvier, plus à la douleur de voir les malheurs de notre patrie qu'à la maladie qui a pu l'emporter. C'est une grande perte pour moi.

Ma sœur est allée à Paris hier ; elle a porté et remis elle-même votre lettre à Mme Cabarrus. Vous aviez oublié d'écrire quoi que ce soit sur votre enveloppe, mais nous avons supposé, d'après ce que vous ajoutiez, qu'elle était destinée à cette dame. Votre message a été le bienvenu, et votre amie très heureuse d'avoir de vos nouvelles.

Adieu, chère mademoiselle, et mille fois merci encore ; je vous embrasse bien, bien tendrement, et vous assure de la constance de mon amitié ! J'ai souvent aussi pensé à vous ; mon mari vous envoie ses souvenirs affectueux et ma sœur en fait autant. Prions pour qu'il n'y ait plus jamais de guerre : c'est si affreux et les hommes deviennent si méchants en ces temps-là ! Écrivez-nous parfois et soyez assurée que je demeure votre bien dévouée.

Mardi 7 mars. — Chère mademoiselle, nous avons reçu soixante-quinze francs de votre part au lieu de cinquante (25 ajoutés par M. Smith, père de mon amie qui avait bien voulu se charger de les envoyer). Cet argent ne pouvait venir plus à propos et je ne puis vous dire combien nous sommes touchés du sentiment qui vous a guidée. Nous demandons à Dieu de vous bénir pour votre charité et de vous rendre ainsi Lui-même le bien que vous faites aujourd'hui.

Mon mari partira, je l'espère, lundi, pour aller chercher nos chères exilées. Il y a juste six mois aujourd'hui qu'elles nous ont quittés. Cette séparation a été bien pénible, j'en suis encore à me demander comment nous avons pu supporter ce terrible hiver? Tout est fini et Dieu veuille que cette paix ne soit pas seulement un armistice de quelques années. Comme j'ai toujours haï les guerres de conquête et que, jamais, je n'ai souhaité cette rive du Rhin, je puis bien dire qu'il est désolant de voir dans un temps comme le nôtre se perpétuer les idées et les procédés du Moyen-Age et les détestables exemples d'un Napoléon Ier. On pouvait attendre mieux d'un roi qui se dit chrétien et d'une époque qui se dit en grand progrès. Les hommes ne sont pas un vil bétail dont les rois puissent disposer à leur gré. Nous ne considérons donc nos provinces de l'Est que comme captives et non perdues. De toutes les captivités on peut revenir même sans guerre. *Sans guerre*, je l'espère bien, plus tard nous reviendrons sur ce qui est fait comme la Russie sur le traité qui a terminé la guerre de Crimée. Moi, je ne rêve pas de revanche ! Tout cela me fait horreur, et il n'est presque pas de jour où je ne dise à Léon : « Souviens-toi que pour défendre sa patrie envahie, on doit tout sacrifier, mais qu'il ne faut pas faire *un pas* pour une guerre de conquête. Ne rêve donc jamais *d'aller à Berlin* ! et souviens-toi de ce que nous avons souffert quand nos ennemis sont entrés à Paris. Ne contribue jamais à faire une telle peine à un peuple. »

Je voudrais bien savoir, chère Mademoiselle, si vous avez des nouvelles de votre frère. Que de deuils de tous les côtés !

27 avril. — J'ai reçu votre bonne lettre et je tiens à vous dire que je prends part à votre grand deuil ; je me souviens bien de vous avoir entendu parler de Mme votre tante et je me représente aisément votre douleur. Du moins vous savez que votre frère est vivant ! Je m'en réjouis avec vous, et je vous assure que j'ai souvent pensé que si Dieu l'amenait blessé, dans une de nos ambulances, je le soignerais de préférence encore aux autres en souvenir de vous et de ce que vous étiez disposée à faire pour les Français. Heureusement qu'à présent vous n'avez plus rien à craindre. Quant à notre pauvre Paris, devenu fou, que vous en dire, hélas ! Cette *Internationale* qui existe partout, en Suisse, en Angleterre, en Belgique, en Allemagne, a indignement profité de nos désastres, comme elle aurait profité de ceux de l'Allemagne si nous avions été vainqueurs, pour essayer d'y établir la République socialiste et absurde qu'elle rêve. Ces gens-là n'ont pas de nationalité et ils s'en font gloire. La fraternité chrétienne *seule* a le droit et le devoir parfois de s'élever au-dessus de toutes les frontières, mais la fraternité des hommes de la Commune n'est qu'un mot ! Assurément, notre malheureuse France est bien malade ; cela ne m'empêche pas de l'aimer de toute mon âme, mais c'est justement parce que je donnerais ma vie et toutes choses pour elle, excepté ma foi, que je souffre tant de ses maux et de ses immenses défauts qu'il serait insensé de nier ou de vouloir atténuer. Le respect de l'autorité n'existe presque plus chez nous soit dans la famille, soit dans l'État, soit dans l'Église, et nous flottons sans cesse d'une chimère à une autre sans savoir nous asseoir dans une forme de gouvernement, République ou Monarchie, qui allie l'autorité à la liberté ! Toutefois, je ne saurais désespérer de mon peuple. Vingt ans d'absolutisme et par suite d'indifférence pour la patrie chez la plupart de nous, nous ont fait un mal énorme, mais que l'avenir pourra réparer. Il y a pour nous de nobles âmes, de belles intelligences, des cœurs généreux et dévoués, et c'est en eux que vit maintenant notre grande France d'autrefois que des mains criminelles s'efforcent de déchirer tout en feignant de la respecter. En attendant un avenir meilleur, il est horrible, je vous assure, d'entendre encore le canon. Mais, il le faut. Entre la Commune qui s'est nommée elle-même et l'Assemblée que la France a choisie, il ne peut y avoir de « *conciliation* ». On ne peut parler que de « *soumission* » d'une part et de « *clémence* » de l'autre.

Mme S. est encore à Paris et je garde votre lettre pour la le lui remettre à son arrivée. Saint-Germain est rempli de réfugiés fuyant Paris.

Mes filles ont voulu vous écrire, car elles pensent toujours avec reconnaissance et affection à vos bontés pour elles. Je vous enverrai avec grand plaisir nos photographies, mais elles ne sont pas au complet en ce moment. Vous nous aurez tous et, en nous regardant, vous pourrez vous dire qu'à chacun de nous vous avez laissé un bon souvenir très affectueux et très durable. Je vous embrasse tendrement, priez un peu pour nous et croyez toujours à ma fidèle amitié.

20 juin 1871. — Chère Mademoiselle, je vous sais gré du sentiment si délicat qui vous a fait garder le silence quand nous étions dans cette effroyable tourmente. A ce moment-là, en effet, on ne pouvait parler sans larmes de ces malheurs et je n'aurais su comment vous répondre. A présent que le calme est rétabli, on comprend mieux les sentiments divers qui ont rendu folle une partie de la population de Paris et, ce qui domine en moi, du moins, c'est la compassion pour ces pauvres égarés qui s'étaient *crus* trahis, vendus, et avaient été nourris d'idées fausses par une presse socialiste et athée. Mais, vous le comprenez, quelques milliers d'êtres égarés et fanatisés ne sont ni la France ni même Paris. D'ailleurs, il y avait là des gens de toute nature parmi les meneurs. Le désespoir d'être vaincus leur a donné la diabolique pensée d'incendier Paris, mais Dieu a permis que tout ce qui aurait été irréparable ait été conservé. Nous avons toujours notre Louvre incomparable, notre Bibliothèque et ces incomparables monuments de l'art gothique, vieux témoins des temps passés. Enfin, si nous avons servi à montrer à quoi conduisent les excès de despotisme impérial d'une part et de la démagogie athée de l'autre, nous aurons servi par nos malheurs mêmes la cause de la civilisation, de la vraie liberté et surtout du Christianisme. A l'occasion de l'emprisonnement des prêtres, l'Église protestante a pu donner à sa sœur l'Église catholique de nombreuses preuves de sympathie et elle a été accueillie avec une cordialité qu'elle n'avait pas encore rencontrée. Les cœurs s'élargissent en se brisant ! Je suis pleine d'espérance pour l'avenir, si sombre que soit le présent ! Dieu règne et ce n'est pas en vain que nous l'avons invoqué. Quand l'Assemblée a demandé des prières, bien des cœurs ont tressailli, croyant voir l'aurore d'un beau jour ! Je suppose que ce que nous allons faire, ce sera d'essayer loyalement de la République, d'une *vraie* République, nous n'en avons encore jamais vu de telle. M. Thiers est un homme éminent, sûr, et connaissant tous les partis. Quant à nos chers princes d'Orléans, ils sont *Français avant d'être princes*, Français *avant tout* et incapables de conspirer quand la France a tant besoin du concours de tous ses enfants. J'en dirai autant du Comte de Chambord. Plus tard, on reviendra peut-être à eux, à présent ce serait dangereux. Il y a une expérience à

6

faire, faisons-la donc et, si elle ne réussit pas, qu'on ne parle plus de la recommencer.

Je voudrais bien pouvoir louer votre piano. Il y a très peu d'étrangers ici depuis que Paris est rouvert. Le chemin de fer ne marche encore que jusqu'à Rueil, ce qui ne rend pas les communications faciles. Je ne sais que vous dire pour vous-même, je craindrais beaucoup que vous eussiez moins de leçons qu'autrefois à cause de l'état général des bourses, et je pense que vous feriez peut-être sagement en passant quelque temps encore en Angleterre, malgré votre peu de sympathie pour le caractère anglais. Votre nationalité ne serait d'ailleurs pas un obstacle à votre retour. D'ici à l'automne, les esprit se seront encore calmés. Nous n'avons pas tant de persistance dans nos rancunes ; nous sentons vivement, mais nous oublions aisément. Ce ne sera pas moi en tout cas qui pousserai personne à la *revanche*. Adieu, chère Mademoiselle, je vous serre bien affectueusement la main et demeure votre bien dévouée.

Lettres de M. W. M. à Saint-Germain-en-Laye.

8 octobre 1870. — Ma chère demoiselle, j'étais très content ce matin de recevoir votre lettre du 6 et 7 octobre, elle est la seule lettre que j'ai reçue depuis que le chemin de fer était arrêté il y a un mois, par conséquent les nouvelles que vous me donnez sont les seules que j'aie eues de ma femme.

Il n'y a pas de Feldpost ici, et pour faire expédier une lettre, c'est très difficile ; j'avais écrit à Nina (sa fille) et à madame deux fois en septembre néanmoins, mais il paraît que les lettres ne sont pas parvenues.

Depuis, j'ai écrit trois fois. Nous sommes enfermés ici comme dans un navire en pleine mer, nous n'avons communications avec personne en dehors, et nous passons une vie assez tranquille et ennuyeuse, sans incident aucun pour donner un peu de diversion. C'est une vie de fainéant qui semble aller bien à tout le monde, car on se porte bien ici et il n'y a pas de maladies.

Nous avons, en ce moment, pas mal de troupes ici et depuis qu'elles sont venues, et par conséquent les Français partis, nous avons eu de l'ordre et de la tranquillité dans la ville et rien à craindre des maraudeurs. J'attends que les troupes allemandes restent ici au moins jusqu'au printemps, même si la paix devait se faire bientôt, ce qui n'est pas probable, et à mon idée quelques années d'occupation du pays par les Prussiens seraient très avantageuses pour la France.

Je vous écris de suite, car l'ordonnance qui a apporté votre lettre m'a dit qu'il pourra faire partir une réponse par une estafette.

Quand vous écrirez à madame, veuillez lui dire que nous allons tous bien et que la seule chose qui manque serait un journal de temps en temps ; pour le reste, nous ne sommes pas à plaindre. Elle pourrait envoyer lettres et journaux par votre intermédiaire, si vous voulez bien vous en charger et, dans ce cas, l'adresse serait comme suit :

« *Colonel B. Walker L. B. Englischer Militaircommissair beim Königlichen Generalstab Seiner Hoheit des Prinzen von Preussen.*

« *VERSAILLES.* »

Pour capitaine M. :

« *3, rue de Sully, Saint-Germain-en-Laye.* »

La Feldpost se chargerait de ces lettres et journaux. En vous remerciant de votre bonne pensée de m'écrire, je vous prie de recevoir l'expression de mes sentiments distingués.

5 novembre 1870. — J'ai reçu avec grand plaisir votre lettre du 25 octobre, ainsi que les envois de journaux que vous avez eu la bonté de m'expédier. Maintenant il y a une Feldpost établie à Saint-Germain, de sorte que les lettres et les journaux adressés directement à moi-même me parviendront plus vite que par l'intermédiaire du colonel Walker.

J'ai reçu jusqu'à présent trois lettres de madame, une par l'intermédiaire du colonel Walker, une par le lieutenant Armit et la troisième par *Ignaz* (neveu de madame, officier baravois du corps de van der Tann). Mais elle devrait maintenant m'écrire directement, donnant l'adresse, 3, rue de Sully, et les journaux et les lettres *devraient* arriver régulièrement.

J'ai eu le plaisir de recevoir la visite de M. C. (mon neveu, inspecteur des eaux et forêts, lieutenant du 1er régiment de la Landwehr de la garde) et je regrette beaucoup que, pour le moment, je ne puisse lui montrer aucune hospitalité, car la municipalité a fourré douze soldats dans la maison, et Berthe (seule domestique) est à bout de ses ressources pour trouver le moyen de faire marcher la maison, et cuire la nourriture trois fois par jour pour tous ces hommes. C'est un petit coup de méchanceté de la part de ces poltrons municipaux.

M. C. ne voit pas la possibilité d'expédier des effets d'ici en Angleterre (sa femme lui en réclamait, nous étions toutes parties avec des effets pour une absence de quatre semaines) ni en Belgique ni chez vous, et moi je crois que c'est impossible. La seule chance serait de trouver une ambulance qui irait chercher des médicaments au Havre, et qui peut-être se chargerait d'un paquet ou d'une petite boîte, mais on peut attendre longtemps pour cela, car il y a ici beaucoup de médicaments et presque pas de blessés. Nous serons néanmoins sur l'éveil et nous profiterons de la première occasion qui se présentera. Si votre neveu apporte des vêtements pour les soldats, on ne saurait trouver une meilleure occasion !

Je n'approuve pas du tout votre idée d'aller à Londres dans cette saison, car c'est la plus mauvaise de toute l'année, j'en ai fait l'expérience il y a quelques années, et je conseillerais cela seulement à une personne à laquelle je voudrais jouer un mauvais tour. Londres est charmant à une certaine saison, à une autre c'est très supportable, mais à présent elle est impossible. L'air est lourd, épais, on a l'impression d'étouffer ; la brume de la rivière et la fumée noire d'une telle immensité de cheminées, mêlées ensemble, font une combinaison excessivement sale qui n'est pas agréable à avaler.

Vous vous plaignez trop tôt, Mademoiselle, du nombre de Français auxquels vous accordez l'hospitalité en Allemagne et, sans doute, vous ne vous doutiez pas que vous allez recevoir le petit supplément de 150,000 de plus. C'est faire les choses en grandiose, mais les Français n'y croient pas, ils disent que Bazaine a culbuté l'armée devant Metz, et qu'il s'est échappé avec une grande armée ; on entend parler de victoires remportées partout par des armées françaises imaginaires qui font des actes d'héroïsme extraordinaire à entendre. Ils aiment les illusions et les coups de théâtre, et ils en ont.

M. de F. se porte parfaitement, Lori se trouve très bien, son frère Ignaz est à Orléans avec le général van der Tann. On ne fait pas de guerre ici, une petite sortie de temps en temps, voilà tout.

Merci beaucoup pour votre permission de me servir de votre adresse, veuillez exprimer ma reconnaissance à vos parents également et croyez-moi votre tout dévoué.

Lettres de Madame S...

Saint-Germain, 21 juillet 1871.— Je suis on ne peut plus sensible aux bons sentiments d'affection que vous conservez à mes chères petites filles et à moi-même ainsi qu'au souvenir sympathique que vous gardez de ce pays qui me devient de plus en plus cher depuis ses malheurs. Tant de ceux qui jouissaient auparavant avec tant d'empressement de tout ce qu'il offre d'agréable, se sont tournés contre lui depuis ses infortunes que c'est une vraie douceur pour des Français de rencontrer des cœurs étrangers qui ne se sont pas détournés de la France aussitôt qu'elle a cessé d'être brillante et prospère. Nous avons passé de bien cruels jours à Paris ce printemps ; pendant deux mois j'ai vu mon mari constamment exposé. Je tremblais aussi pour mes enfants qui pouvaient concevoir quelque frayeur fatale, et finalement, le dénouement a amené, sous nos yeux, en face et tout autour de nous (*rue Saint-Georges, rue de Provence et rue Lafayette*) des scènes horribles de massacre et d'incendies, des batailles, des assassinats, qui ne sortiront jamais de nos mémoires. Nous avons été miséricordieusement préservés, car quoiqu'on se soit battu tout un jour sous nos fenêtres, que pendant trois jours et trois nuits nous ayons été bombardés et que M. S... ait tenu les armes parmi les gardes nationaux fidèles, aucun de nous n'a été atteint et nos braves fillettes n'ont *pas même eu peur*, ce qui semble à peine croyable quand on pense à tant de dangers accumulés. Enfin, la délivrance est venue, et depuis 15 jours nous sommes à St-Germain. Notre maison, considérablement dévastée cet hiver, a pu être remise en état pour nous recevoir, et nous jouissons d'une grande paix qui forme contraste avec le tumulte de tant de semaines et de mois. Le séjour ici me rappelle tout particulièrement votre souvenir, chère Mademoiselle.

St-Germain, 25 juillet. — Je veux d'abord vous dire qu'une foule de vos compatriotes sont déjà revenus en France ; pour les hommes, je ne sais trop quel conseil je leur donnerais s'ils m'en demandaient, je crois qu'il leur serait peut-être préférable d'attendre encore un peu ; pourtant ils n'ont pas à redouter d'être ennuyés ; on leur témoigne peut-être un peu de froideur et c'est tout. Quant aux femmes, chère Mademoiselle, il me semble qu'il n'y a *aucun* inconvénient à ce qu'elles reviennent habiter la France, et surtout celles qui s'y trouvaient auparavant et qui, comme vous, y étaient connues, estimées, et se sont toujours montrées sympathiques à notre pays. Vous pouvez être assurée de ma franchise en vous parlant ainsi, je serais désolée que votre retour risquât d'être pour vous une source d'ennuis et je préférerais vous le dire si je le croyais. Nous ne pensons pas non plus qu'il y ait lieu de se préoccuper de l'éventualité d'une guerre prochaine. La France a tant d'autres choses à faire pour se relever et se réorganiser avant de pouvoir envisager cette perspective que je crois bien que vous pouvez ne vous faire *nul* souci *actuellement* à ce sujet ; c'est aussi l'avis de tout mon entourage. Quant à ce que l'avenir nous tient en réserve, Dieu seul le sait ! Mais je crois que nous avons quelques années de calme probable en perspective vis-à-vis de l'Allemagne. Enfin pour moi personnellement, chère Mademoiselle, je serais *très heureuse* de vous revoir et de vous confier mes chères fillettes. Si vous persistez dans l'idée de revenir, ce que j'espère, je crois qu'il serait avantageux pour vous de le faire de bonne heure dans la saison. On nous promet le rétablissement de notre voie ferrée pour le 15 août. En ce moment le trajet est fort pénible, il faut deux heures pleines pour se rendre d'ici à Paris, et ce long trajet oblige mon mari à ne pas rentrer tous les soirs, ce qui nous désole beaucoup, comme vous pouvez croire. Les uns font la route d'ici à Rueil à pied, les autres en omnibus, mais c'est long et pénible, je vous assure !...

Lettre de Bernard Heinecke, écrite en allemand, datée de Halberstadt le 3 juillet 1871, relatant la joie et les difficultés de son retour. (*Je dois la traduire.*)

Je suppose que mon voyage de retour t'intéressera, je veux donc commencer par là. Le village de *Pusy* d'où je t'ai envoyé ma dernière lettre, je l'ai quitté dimanche 18 juin, le bataillon partit au lendemain seulement. Nous partîmes à 2 h. 1/2 de l'après-midi en chemin de fer par Belfort, Mulhouse, où nous fûmes réconfortés, Schlettstadt, Colmar et Konigshofen jusqu'à Strasbourg où nous arrivâmes à 2 h. du matin et où l'on nous régala de café. Nous continuâmes ensuite par le beau pont du Rhin, la forteresse de Kehl et Rastadt jusqu'à Karlsruh où nous arrivâmes à sept heures moins un quart et où nous profitions de l'arrêt d'une heure et demie, un ami et moi, pour faire un tour de la ville. Par la rue Charles-Frédéric nous gagnâmes le château, contemplant en chemin les différents monuments. La ville est neuve, bien construite, elle a des rues droites, mais il n'y a pas de mouvement. Nous continuâmes ensuite vers la belle Heidelberg où l'on nous servit de nouveau du café, mais sans nous accorder le temps de nous y arrêter autrement. Puis par Darmstadt, arrêt très court, à

Aschaffenbourg où l'on nous servit une bonne soupe et de la viande, avec un arrêt d'une heure et demie. Nous traversâmes ensuite le Spessart au milieu de la nuit noire pour gagner Wurzbourg, Schweinfurt et la vieille ville épiscopale de Bamberg que nous ne pûmes apercevoir que de loin. Après un petit arrêt on nous dirigea sur Lichtenfels où s'embranche la route de Cobourg et où l'on nous servit de nouveau du café. A neuf heures moins 1/4 nous partîmes pour Culmbach où les habitants nous offrirent généreusement leur bonne bière, puis par les petits villages de Neumarkt, Oberktozau, situés sur la Saale à Hof où nous arrivâmes à trois heures 1/2 et où l'on nous avait préparé un dîner avec potage, viande et bière. Le départ se fit à 5 heures à travers le beau *Voigtland* par Plauen, Reichenbach et Altembourg, où toujours on nous offrit gratuitement de la bière. A Leipzich où nous arrivâmes à 1 h. 1/2 du matin, on nous offrit du bon café avec des croissants, des cigares et une *feuille de souvenir*. A 1 h. 1/2 nous repartîmes par Delitsch, Bittenfelde, Wittemberg, Jüterbock pour Berlin où nous nous arrêtâmes de 10 h. moins 1/4 jusqu'à 2 h., transportés d'un chemin de fer à l'autre par la voie de ceinture. A Stettin, la nouvelle garnison du régiment 34, nous arrivâmes à 8 heures du soir.

L'accueil, de nous, les fourriers, qui voyagions aussi en train militaire, était particulièrement chaleureux en Bavière et en Saxe, ressemblant presqu'à un triomphe. Notre compagnie prit encore ses cantonnements dans les villages environnants afin de prendre part à l'entrée solennelle de samedi 24. Il plut assez fort au matin, mais vers 10 h. le temps changea et notre entrée fut belle et bienfaisante au cœur. La ville de Stettin était richement décorée, l'enthousiasme des habitants très vif. A 2 heures les troupes purent regagner leurs cantonnements. Lundi, la garnison de Stettin passa une revue devant l'empereur-roi qui était arrivé avec une suite nombreuse, y compris le prince impérial qui fut très gai. Mardi nous eûmes encore un appel et différentes petites formalités à remplir jusqu'à ce que l'on nous congédia enfin mercredi où je pus partir pour Halberstadt par Magdebourg où je m'arrêtais chez notre sœur jusqu'au lendemain. J'arrivais enfin ici jeudi soir où je fus très bien accueilli par tout le monde. Grand-maman couronna mon front d'une belle branche de laurier et nous passâmes une soirée charmante.

Me voici donc enfin revenu sur le sol allemand après une absence de 11 mois. Quel bonheur! Je compte rester ici trois semaines, puis reprendre mon ancien emploi à Stettin où l'on m'a généreusement accordé ce long congé. L'accident du chemin de fer a frappé le régiment n° 2, il y a eu une quarantaine de blessés et 24 morts, moi j'ai regagné mon foyer en bonne santé, grâce à Dieu! Tous mes meilleurs souvenirs.

Extrait d'une lettre de mon père.

26 décembre 1870. C'est un grand réconfort pour moi, par un froid si intense, que de ne recevoir de ton frère qui évidemment doit souffrir par cette température, rien que de bonnes nouvelles ; il ne se plaint jamais, et se montre toujours de bonne humeur. Et il faut doublement remercier le bon Dieu, qu'il a protégé mon enfant dans tous les dangers pressants. Nous en avons la certitude par une carte de correspondance de devant Langres datée du 17, arrivée hier soir, un cadeau de Noël, le meilleur de tous!

Nous avions reçu le 23 une carte de Tillchâtel du 14 où il nous annonçait l'avancement de son corps sur Langres. Dans sa carte d'hier il dit : Nous avions marché sans arrêt depuis Dijon durant trois jours quand, subitement, nous apprîmes que l'ennemi s'était arrêté. Depuis 11 h. à 4 h. avait lieu un combat sérieux dans lequel notre régiment était engagé, le feu des fusils et des canons était très fort ; les Français avaient quatre canons dont deux sont tombés entre nos mains avec 80 prisonniers. Ces derniers sont envoyés ce matin en Allemagne et vous aurez appris de cette façon que je n'ai pas été blessé...

Lettres sur la Commune de Paris

Paris, 1er mai, lundi soir. — Je vous écris ces quelques lignes, ma chère amie, pour vous dire que je ne suis pas encore morte et vous prier de me donner aussi de vos nouvelles, car il y a bien longtemps que je n'en ai reçu. Je vous envoie mon adresse sur une enveloppe, toutes mes lettres me sont remises deux fois par semaine.

Ne trouvez-vous pas comme moi que les Français ont perdu la tête ? Comprenez-vous, depuis quatre semaines ils se tuent entre eux ! C'est, vraiment, du plus grand ridicule : chacun veut gouverner à sa manière, mais en attendant le commerce est perdu et les bons souffrent pour les mauvais. Vous ne pouvez vous faire une idée de ces canons qui grondent toute la journée et toute la nuit. Hier, dimanche, on voyait tomber les obus dans les Champs-Élysées et les maisons des Ternes étaient en feu et, vraiment, le soir c'est assez lugubre, mais nous y sommes habitués. Je m'attends tous les jours à voir le bouquet, car, jusqu'à présent, cela n'a été que des roses ! Nous entendons souvent trembler nos vitres, cela ne m'étonnerait pas que les obus tombent sur notre maison ; nous sommes aussi bien près des barricades qui sont comme des forteresses ; enfin, Paris est en ce moment Jean qui pleure et Jean qui rit, je crois que tout le monde devient fou ! Ma chère amie, adieu, je vous embrasse, je ne sais pas si nous nous reverrons !

M. C...

Paris, 19 mai 1871. — J'ai reçu votre lettre du 19 avril, chère amie, et voici comment : Comme je n'avais plus d'argent, je suis allée à Versailles, mais quel voyage ! 9 heures de voiture et de chemin de fer. D'abord j'ai pris l'omnibus de la Villette, qui m'a conduite au chemin de fer du Nord. Là, la *Commune* donne les billets pour partir. Arrivée à Saint-Denis, les Prussiens ouvraient les portières des wagons ; à 11 h., j'ai pris l'omnibus pour Versailles, j'y suis arrivée à trois heures, je n'ai eu que le temps d'aller toucher la pension de mon mari et, par la même occasion, je suis allée prendre mes lettres. J'ai trouvé la vôtre qui m'a fait bien plaisir.

Pour vous finir mon voyage, après, je me suis rendue chez les dames S... Je les ai trouvées dans un appartement magnifique. Vous comprenez ma colère, moi qui n'avais pas d'argent pour manger, et j'ai nourri ces dames pendant tout un hiver. J'étais enragée ! Ce qu'il y avait de plus joli, voilà que j'aperçois un filet de bœuf bien piqué, et j'avais si faim! Bref, je leur ai demandé de l'argent. Mme S... est allée à son secrétaire et m'a apporté 50 fr., je commençai par lui dire que cela était bien peu de chose, quand M... est arrivée avec 50 fr. et, comme cela me faisait 100 fr., j'étais tout de même contente. Je pouvais donc retourner à Paris avec quelques cents francs, mais j'avais toujours faim. Ne pouvant pas rester longtemps, la cuisinière m'a fait des tartines de beurre que j'ai emportées pour le voyage. En route, me voilà partie pour prendre mon équipage, mais plus d'omnibus, rien qu'une tapissière, il a fallu que je passe par là, je suis donc montée et je suis arrivée à 9 h. du soir à Paris. Croyez-vous, ma chère amie, que j'ai dû trouver mes tartines bonnes, je n'avais pas mangé depuis huit heures du matin ; aussi, en arrivant, je me suis fait une omelette au jambon, j'ai cru attraper une indigestion, tant j'avais faim. Vous me dites que vos domestiques sont bêtes et méchants, je dois vous dire que les miens ne me font pas enrager, car je n'en ai plus depuis un mois, ne pouvant les nourrir ni les payer. Je m'en passe très bien, j'ai seulement une femme de ménage qui vient à 3 heures et je vous assure que je m'en trouve très bien. Je suis seule avec mon mari, je fais notre déjeuner et je mange très bien, je ne mange pas de filet de bœuf carré, car c'est trop cher pour nous, cela est bien pour les Versaillais.

Vous me demandez, dans votre dernière lettre, comment je fais pour mes lettres? On a des amis partout. Je connais quelqu'un à l'ambassade qui prend mes lettres pour l'Angleterre, et je les reçois, par une personne dont je vous ai donné l'adresse (Mme G..., Seine-et-Oise), deux fois par semaine. Vous savez que la pauvre Colonne (Vendôme) est abattue, mon cœur saigne encore pour la maison de *Stern*, cela m'a tant affectée. Nous attendons le bouquet qui va probablement nous écraser. Je voudrais bien que vous fussiez ici pendant deux heures, je vous assure qu'il n'y a pas de quoi rire avec la Commune!

Adieu, mon amie, je vous embrasse de toute mon amitié!

R. C.

P. S. — Si je ne suis pas morte la semaine prochaine, je vous parlerai politique, car cette lettre est un peu stupide. Vous ne me dites pas si vos amis de Saint-Germain sont toujours à Londres?

Une petite feuille datée du 28 mai. — Ma chère amie, je ne suis pas morte ni folle ni brûlée, mais je ne suis pas très bien portante, car j'ai tant souffert depuis huit jours. On s'est battu dans notre cour (la Cité du Retin); tout est cassé et brisé; la semaine prochaine je vous écrirai. Mon mari va assez bien. Je vous embrasse de cœur!

16 juin (*écriture très hachée, rapide*). — J'espère que vous êtes encore à Londres, ma chère amie, et que vous recevrez cette lettre. Vous me parlez encore de vos 50 fr. (offerts à elle), envoyez-les et je vous enverrai un ravissant costume que toutes les Anglaises vous envieront. Mais j'aimerais mieux que vous veniez vous-même et, par la même occasion, vous m'apporteriez un jambon et vous visiteriez nos ruines. Je vous assure, si j'étais le gouvernement, je laisserais l'hôtel de ville tel qu'il est ; ce sont des ruines comme on en voit peu, les murs sont de toutes les couleurs : rouge, bleu, jaune ; enfin, pour moi, j'ai vu bien des vieux châteaux, mais jamais comme celui-ci ; les fissures sont aussi bien remarquables à part la tristesse. Ainsi donc, dépêchez-vous de venir pour voir Paris sous un autre aspect que vous ne l'avez vu. Vous n'avez pas besoin d'avoir peur, j'espère qu'on fusillera bientôt le dernier de tous ces scélérats. Mais ne croyez pas que tous ces bandits étaient des Français : nous avions ici l'écume de tous les pays, les Polonais, les Prussiens étaient en nombre, des Belges, des Allemands ; j'ai vu un capitaine qui est mort sur une barricade près de chez nous, mais le misérable, comme il est resté assez longtemps sans mourir, il a donné son nom et son adresse pour qu'on puisse écrire à sa famille. Vous voyez, ma chère fille, que vous avez aussi des gueux chez vous !

Que Dieu soit loué, j'espère que je ne reverrai plus ce que j'ai vu ! Figurez-vous que le troisième jour de la bataille, je suis allée dans la rue d'Anjou, les corps des fédérés me servaient de trottoir, il fallait marcher sur eux pour pouvoir passer ; à chaque barricade, il y en avait au moins 15 et il fallait en traverser cinq avant d'arriver où je voulais aller. Cela m'a rendue tout à fait guerrière ; maintenant je n'ai plus peur. J'ai vu aussi des femmes avec leurs fusils tirant sur la ligne, mais quelles femmes, grand Dieu? Que pensez-vous de mon courage? Le dire n'est rien, il fallait le voir, l'entendre ! Je remercie Dieu de ne pas être devenue folle, mais je suis toujours très nerveuse et méchante, cela n'est pas de ma faute. Personne encore dans mon hôtel. Où sont-ils, les Anglais? Dites-moi ! Vous avez reçu ma lettre envoyée par l'ambassade vers le 15 mai où je vous racontais mon voyage à Versailles? Pourquoi Mme M... n'est-elle pas retournée à Saint-Germain ? Si vous saviez comme il y a du monde ! Des personnes qui ont habité à Saint-Germain m'ont dit que sa villa était à vendre, est-ce vrai ? Mon mari et M. L... vous disent mille choses aimables, moi, je vous embrasse de tout mon cœur.

Nous voici encore en pleine guerre, ma chère amie, en ce moment on tire le canon au Mont Valérien, et ici nous sommes entourés de barricades. Que va-t-il encore se passer ? Je sais que la Commune a fait des pertes considérables, je pense que Versailles aura le dessus, vous ne pouvez vous faire une idée de ce que c'est que Paris dans ce moment ; je viens des Champs-Elysées ; on se croirait en fête, tant il y a de monde ; on est là pour attendre les nouvelles. Croyez-vous que je suis malheureuse ! Depuis le mois de septembre, je suis là à me croiser les bras, car je n'ai personne dans mon hôtel, je me vois ruinée sans jamais pouvoir me relever, je suis abrutie, je bois, je mange et je me promène souvent sans savoir ce que je fais. Si cet état de choses continue, je deviendrai folle ; je me dispute avec tout le monde, je suis *Républicaine enragée*, j'en veux à tout le gouvernement !

Pour commencer, à cette vieille brute d'empereur, qui fait la guerre sans soldats et à cette Chambre qui va se fourrer à Versailles et nous laisserait égorger ici. Pour les *congrès* est-ce que leur place n'était pas à Paris puisqu'ils quittent Bordeaux? Mais non, ils ont peur, ils préfèrent nous faire égorger pour sauver leur peau. Je vais dîner, et demain, mardi, je vous dirai ce que je pourrai apprendre !

Mardi. — J'ai lu ce matin, dans un journal de la Commune, que Flourens était blessé mortellement. Tant mieux, en voilà encore un de moins, et un autre chef dont je ne me rappelle pas le nom est fait prisonnier. On dit aussi qu'ils en ont cerné près de 30.000; enfin, nous sommes vainqueurs pour le moment ; mais quel bonheur, ma chère amie, qu'on ne se bat pas dans Paris ! Quel bonheur de ne pas voir couler ce sang ! Ils sont à Meudon et Ville-d'Avray ; je vais aller encore me promener, car vous ne le croyez pas parce que tous vos journaux anglais parlent toujours beaucoup trop, on croit toujours que Paris est à feu et à sang, je puis vous assurer que nous avons toujours été tranquilles, sauf les jours où la Commune a fait feu sur la place Vendôme, et cela a été l'affaire de quelques heures ; à part cela, tout a été tranquille et, certes, les voitures ne nous empêchent pas de traverser les boulevards puisque nous avons mangé tous les chevaux. J'ai toujours les malles de cette pauvre Mlle Sjel. Elle m'écrit très souvent et ses lettres sont très gaies, elle me fait toujours bien rire.

Vous allez me trouver bien indifférente de n'avoir pas pensé à cette Mme Sf., mais je hais tellement la race italienne que je ne peux me décider d'aller la voir; j'en ai encore une preuve devant les yeux : nous avions une ambulance dans notre cour, c'est-à-dire un poste et toutes les voitures pour aller chercher les blessés et il y avait là cinquante à soixante Italiens, une véritable mascarade, c'est le nom que je leur avais donné! Eh bien, tous ces gueux sont aujourd'hui avec la Commune, qui mettent le désordre dans Paris. Nous attendons aujourd'hui la troupe de Versailles, quelle bataille, mais je n'ai pas peur!

Vous savez que Paris n'a plus de poste, je dois aller demain à Versailles, si je ne puis mettre cette lettre à Paris, je la mettrai à Versailles. Vous allez probablement vous moquer de ma lettre, car il n'y a pas mal de bêtises!

Adieu, je vous embrasse mille fois, pensez à moi!

M. C.

Imprimerie E. Aubin. — Ligugé (Vienne).

www.ingramcontent.com/pod-product-compliance
Lightning Source LLC
LaVergne TN
LVHW020419230826
846091LV00004B/1333
9782019957803